ちくま新書

パワハラ上司を科学する

津野香奈美
Tsuno Kanami

JN042750

1705

パワハラ上司を科学する【目次】

はじめに

私は現在、神奈川県立保健福祉大学大学院ヘルスイノベーション研究科で社会疫学、行動科学、産業保健学を教えています。研究者として携わっている研究内容は、職業性ストレス、労働時間、ジェンダー、暴力、産後うつ、健康行動変容等と多岐にわたるのですが、私の原点でありライフワークとなっているのが、パワハラや上司のリーダーシップに関する研究です。

私がパワハラに関する研究や、企業・自治体での講演・研修・コンサルティングに熱心に取り組んでいる理由は、「誤った指導をしてしまっている上司を一人でも減らしたいから」、そして「パワハラをこの世からなくしたいから」という強い気持ちからです。

実生活でパワハラと出会ったのは、大学生の時です。ある時、大学の講義後（夕方）からの勤務が可能で、時給一七〇〇円という破格のアルバイト募集をある中小企業がしているのを見つけました。憧れの営業職、しかも反響営業という手法で、資料請求をして下さった方に対して折り返し電話をかけ、その場で契約を取るという営業スタイルでしたので、年齢的な若さがマイナスになることもありません。経験不問で、契約が取れればさらにインセンティブが貰えるのも魅力でした。

面接に行ったところ、いかにも頭が切れそうな女性部長が対応してくれました。部長は物腰はやわらかいですがハキハキとしていて、電話をかけたら必ず契約まで持ち込んでしまうようなスキルの持ち主でした。「この人なら、営業のスキルアップにも学ぶことが多そうだ。ぜひ一緒に働きたい」と強く感じたところ、幸い部長も私のことを気に入って下さり、学業との両立の関係で半年間しか働けない状況であったにも関わらず、快く採用して下さったのです。

初めてその会社に出勤した時の光景は、今でもよく覚えています。一般的な職場と同じように一人一つの机が並んでいる中、そのすぐそばの壁には職員の名前が貼られており、その横に赤い花がいくつか付けられていました。「このお花は、何ですか？」と部長に聞いたところ、「契約が取れたら、名前の横に花がつくのよ」という回答でした。

「ああ、これが噂の、営業成績か！」と、何だか妙に興奮したのを覚えています。そう、それはいわゆる〝営業成績ボード〟と呼ばれるもので、誰が何件契約を取ったのか、すべての職員にわかるようになっていたのです。

その会社は、ほとんどの職員がアルバイトでしたが、社員も五名いました。アルバイトが働く部屋と社員が働く部屋が分かれていたので、会話を交わす機会がなく、たまに廊下ですれ違った際に挨拶するくらいでした。

勤務時間中は一本でも多くの電話をかけなければならないのであまり余裕がなかったのですが、近くの席に座っている部長の様子だけはわかります。部長はよく、社員がお客様にかけている電話を他の電話で聞いていて、契約が取れなかったことがわかるや否や隣の部屋に行き、「今の電話で契約が取れないってどういうこと⁉ 営業のセンスがないんじゃない⁉」「ばかなの⁉」と怒鳴っていました。

またある日は、ある社員が部長に別室に連れていかれて、そのまま長時間戻ってこなかったこともありました。会話の内容まではわかりませんでしたが、怒鳴っているような声がうっすらと漏れ聞こえたため、「部長、ちょっとやりすぎなのでは……」と感じましたが、大学生のアルバイトの分際で部長に注意することなど、当時の私にはできませんでした。

そんな日が続いた後、ある日廊下でばったりと会った社員の顔を見て、私は目を疑いました。顔が真っ白で、目は生気がなく、無精ひげが生えたままだったのです。後から考えてみれば、それは典型的なうつ病の状態でした。

それからまもなく、その社員が退職したという噂を聞きました。私がその会社に勤務していたたった半年間で、なんと部長含め五人いた社員が、三人も辞めてしまったのです。部長の他に残った一人は、営業成績の良いリーダー的な社員でした。

社員の半分以上が辞めてしまったのに、部長には悪びれる様子は全く見られませんでした。

むしろ前よりも笑顔が増え、「会社のお荷物がいなくなってラッキー」くらいに思っているような印象を受けました。そして私には相変わらず優しく、質問にも丁寧に対応してくれるのでした。

この状況を見て、強烈な違和感を覚えました。「いくら営業成績が良くなかったといって、人を潰していい理由にはならない」、「せっかく投資して育てた人を潰してしまうのは、会社としての損失も大きいはずだ」、「ポジティブな指導方法によって人を成長させる方法が、絶対にあるはずだ」等と、色々な考えが頭の中を駆け巡りました。

しかし当時の私には、その解決策を思いつくことができませんでした。「この状況は絶対におかしい」という確信だけはあるものの、部長に「こういう指導をしたら、営業成績があがって、会社としても売り上げを上げることができる」という別の方法を提案できない自分に、強烈な悔しさと不全感を覚えました。それと同時に、もしかしたら、他の会社でもこういったマネジメントがまかり通っているのではないか？　と心配になったのです。

その後大学院に進学し、パワハラに関する国内外の文献を探したところ、日本では特に医学・疫学分野において、ほとんど研究が行われていないことに気付きました。当時（二〇〇八年）はまだ、全国でどのくらいの人がパワハラを受けているかの実態調査も行われていなかったのです。

そこで私は、まずパワハラを測定する尺度を開発するところから研究を開始し、どのくらいの人が受けているのか、どういう人が行為者となっているのかを明らかにすることにしました。その後、どのような上司がパワハラをしやすいのか、受けるとどのような健康影響が出るのか、どのような職場だと発生しやすいのか等を次々と調査し、論文にまとめてきました。誰かを説得するには、「データ」によって裏付けされた「科学的根拠（エビデンス）」が強い力になると思ったのです。この本の中では、そういった根拠となるデータをふんだんに紹介していきます。

これまで一〇年以上にわたり、実証研究によって明らかになった科学的根拠を使い、全国各地の企業や自治体で管理職向けの研修や講演を実施してきました。そこでいつも感じるのは、「パワハラにならない指導の仕方に誤解がある」という点です。

例えば、「部下と仲が良ければ、パワハラにならない」と思っている管理職に会うことがあります。研究でわかっていることは、実はその逆です。「上司と部下の仲が良すぎたり、職場の雰囲気がくだけすぎたりしている職場では、パワハラが起こりやすい」ことがわかっています。

他にも、私の研修を受けたある管理職から「最近は、なんでもハラスメントと言われてしまう。だから僕は、もう部下とは積極的に関わらないことに決めました。そうすれば、ハラスメントになりようがないでしょう」と言われたことがあります。いいえ、逆です。実は、部下と積極的に関わらない、放任型の上司がいる職場では、パワハラが発生しやすいことがわかっています。部下と関わろうとしないことが、むしろパワハラを誘発してしまうのです。

このように、パワハラ対策やパワハラにならない部下指導は、個々人の経験や勘を頼りに行っていると、知らず知らずのうちに誤った対応になりがちです。パワハラにならないように気を付けているはずなのに、結果的になってしまっていたり、部下の反発を生んでしまったりするのは、悲劇でしかありません。

パワハラが起こるメカニズムや、「より良い指導」の方法を知る経営者や管理職が一人でも増えることで、少しでも部下との関わりが楽になり、パワハラをしない上司が増えることを期待しています。また、本書により、職場で科学的知見に基づいた効果的なパワハラ防止対策が実施されることにつながることを願っています。

第1章 パワハラとは何か

二〇二〇年六月、パワハラ対策をめぐる大きな出来事がありました。「労働施策の総合的な推進並びに労働者の雇用の安定及び職業生活の充実等に関する法律（以下、改正労働施策総合推進法）」が、改正施行されたのです。(1)

この法律はいわゆる「パワハラ防止法」と呼ばれているもので、この改正施行により、大企業は二〇二〇年六月から、中小企業においては二〇二二年四月から、法律および指針に則ったパワハラ防止対策を行うことが義務付けられました。

なおここで言う指針とは、二〇二〇年一月に告示された「事業主が職場における優越的な関係を背景とした言動に起因する問題に関して雇用管理上講ずべき措置等についての指針（令和二年一月一五日厚生労働省告示第五号）」（以下、パワハラ防止指針）のことを指します。

第1章ではまず、「改正労働施策総合推進法」でパワハラがどのように定義されたのか、パワハラ防止のために事業主に義務付けられた対策はどういった内容かについて触れた後、パワハラの発生状況に関して最新の調査結果や研究結果を紹介したいと思います。

1　パワハラの定義と判断要件

†「改正労働施策総合推進法」におけるパワハラの定義

「改正労働施策総合推進法」において、パワハラは「職場における優越的な関係を背景とした言動に起因する問題」と表現され、「職場において行われる①優越的な関係を背景とした言動であって、②業務上必要かつ相当な範囲を超えたものにより、③労働者の就業環境が害されるものであり、①から③までの要素を全て満たすもの」と定義されました[2]。

「職場」は業務を遂行する場所を指し、通常就業している場所以外であっても、業務を遂行する場所については「職場」に含まれるとされています。例えば、出張先、懇親の場、業務で使用する車中、取引先との打ち合わせの場等がこれに該当します。

法律上、パワーハラスメントの「パワー」の部分を「優越的な関係」と表現しているわけですが、この中に入るのは、単に職権があることや職位が上であることだけではありません。他にも例えば、勤続年数が長いこと、組織のトップや上層部と仲が良いこと、最新の知識があること、人数が多いこと等も、パワハラの背景となる「優越的な関係」になりえます。

パワハラが話題になるにつれ、最近では「逆パワハラ」という用語も聞かれるようになってきました。これは、いわゆる部下から上司に対して行われるパワハラを指すのですが、この場合は部下の方が優越的な関係の上位にあること、つまり部下の方が最新の知識や技術を持っていたり、人数が多かったり、発言力があったりすることが背景にあります。

特に近年は情報が更新されるスピードが速かったり、また働き方改革が進められたり、テレワークがより普及したりと、新しい働き方やシステムに慣れることが必要とされています。こういった変化に強く、新しい技術を取り入れることに抵抗がないのは比較的若い世代です。そのため、部下の方が優越性を得やすく、こういった技術に不慣れな上司層がパワハラを受ける可能性は今後ますます高くなると考えられます。

†パワハラの六類型

厚生労働省は、これまでの裁判例や個別労働関係紛争処理事案に基づき、パワハラの種類を六類型としてまとめています（表1-1）[3]。このうち、（1）身体的な攻撃については、業務の遂行に関係するものであっても、業務の適正な範囲に含まれるとすることはできないこと、

（2）精神的な攻撃と（3）人間関係からの切り離しについては、業務の遂行に必要な行為であるとは通常想定できないことから、原則として業務の適正な範囲を超えるもの、つまり原則としてパワハラに該当すると考えられています。

一方で（4）過大な要求、（5）過小な要求、（6）個の侵害については、業務上の適正な指導との線引きが必ずしも容易でない場合があると考えられています。まず、こうした行為について、何が業務の適正な範囲を超えるかについては、業種や企業文化の影響を受けます。そして、具体的な判断については、その行為が行われた状況や行為が継続的であるかどうかによっても左右される部分があるため、各企業・職場で認識をそろえ、その範囲を明確にする取り組みを行うことが望ましいとされています。

†事業主に義務付けられた雇用管理上の措置と罰則

二〇二〇年六月の「労働施策総合推進法」の一部改正により、事業主にパワハラ防止の雇用管理上の措置が義務付けられました。該当部分が記載されているのは第三〇条の二（表1-2）で、雇用管理上の措置の詳しい内容はパワハラ防止指針[2]に定められています。表1-3が、その雇用管理上の措置の主な内容です。

実はこの法改正によって、パワハラの雇用管理上の措置が義務付けられただけでなく、相談

パワハラに該当すると考えられる例
①殴打、足蹴りを行う ②相手に物を投げつける
①人格を否定するような言動を行う。相手の性的指向・性自認に関する侮辱的な言動を含む ②業務の遂行に関する必要以上に長時間にわたる厳しい叱責を繰り返し行う ③他の労働者の面前における大声での威圧的な叱責を繰り返し行う ④相手の能力を否定し、罵倒するような内容の電子メール等を当該相手を含む複数の労働者宛てに送信する
①自身の意に沿わない労働者に対して、仕事を外し、長期間にわたり、別室に隔離したり、自宅研修させたりする ②一人の労働者に対して同僚が集団で無視をし、職場で孤立させる
①長期間にわたる、肉体的苦痛を伴う過酷な環境下での勤務に直接関係のない作業を命ずる ②新卒採用者に対し、必要な教育を行わないまま到底対応できないレベルの業績目標を課し、達成できなかったことに対し厳しく叱責する ③労働者に業務とは関係のない私的な雑用の処理を強制的に行わせる
①管理職である労働者を退職させるため、誰でも遂行可能な業務を行わせる ②気にいらない労働者に対して嫌がらせのために仕事を与えない
①労働者を職場外でも継続的に監視したり、私物の写真撮影をしたりする ②労働者の性的指向・性自認や病歴、不妊治療等の機微な個人情報について、当該労働者の了解を得ずに他の労働者に暴露する

類型	具体的内容
(1) 身体的な攻撃	暴行・傷害
(2) 精神的な攻撃	脅迫・名誉毀損・侮辱・ひどい暴言
(3) 人間関係からの切り離し	隔離・仲間外し・無視
(4) 過大な要求	業務上明らかに不要なことや遂行不可能なことの強制、仕事の妨害
(5) 過小な要求	業務上の合理性なく、能力や経験とかけ離れた程度の低い仕事を命じることや仕事を与えないこと
(6) 個の侵害	私的なことに過度に立ち入ること

表 1-1　パワハラの行為類型[(3)]

第一項	【パワハラの雇用管理上の措置義務】 事業主は、職場において行われる優越的な関係を背景とした言動であって、業務上必要かつ相当な範囲を超えたものによりその雇用する労働者の就業環境が害されることのないよう、当該労働者からの相談に応じ、適切に対応するために必要な体制の整備その他の雇用管理上必要な措置を講じなければならない。
第二項	【相談したことを理由とする不利益取扱い禁止】 事業主は、労働者が前項の相談を行ったこと又は事業主による当該相談への対応に協力した際に事実を述べたことを理由として、当該労働者に対して解雇その他不利益な取扱いをしてはならない。

表 1-2　改正労働施策総合推進法第三〇条の二

したことを理由とする不利益取扱いの禁止も定められました。これは、パワハラを受けたという訴えを社内で行ったことを理由として、その社員に対して解雇や降格等の不利益取扱いをすることは、直ちに違法行為となることを意味します。

パワハラ被害者から、会社側、あるいは上司側の報復行為を恐れる声をよく聞きます。特に、行為者や組織のトップが「独裁者」型の場合はなおさらです。そのため、パワハラ行為者にヒアリングする際は、必ず「報復行為をしないように」「誰が訴えたかを、部署に戻ってから聞き出したりしないように」伝える必要があるのですが、それに法的根拠ができたことは非常に大きな成果だと思います。

パワハラに関する雇用管理上の措置の内容は、男女雇用機会均等法や育児介護休業法を基にしたセクシュアルハラスメント（セクハラ）防止指針[4]やマタニティ

措置	内容
一、事業主の方針等の明確化及びその周知・啓発	①職場におけるパワハラの内容・パワハラを行ってはならない旨の方針を明確化し、労働者に周知・啓発すること ②行為者について、厳正に対処する旨の方針・対処の内容を就業規則等の文書に規定し、労働者に周知・啓発すること
二、相談に応じ、適切に対応するために必要な体制の整備	③相談窓口をあらかじめ定め、労働者に周知すること ④相談窓口担当者が、相談内容や状況に応じ、適切に対応できるようにすること。パワハラが現実に生じている場合だけでなく、発生のおそれがある場合や、パワハラに該当するか否か微妙な場合であっても、広く相談に対応すること
三、職場におけるパワーハラスメントに係る事後の迅速かつ適切な対応	⑤事実関係を迅速かつ正確に確認すること ⑥事実関係の確認ができた場合には、速やかに被害者に対する配慮のための措置を適正に行うこと ⑦事実関係の確認ができた場合には、行為者に対する措置を適正に行うこと ⑧再発防止に向けた措置を講ずること
四、そのほか併せて講ずべき措置	⑨相談者・行為者等のプライバシー(※)を保護するために必要な措置を講じ、その旨労働者に周知すること (※) 性的指向・性自認や病歴、不妊治療等の機微な個人情報も含む ⑩事業主に相談したこと、事実関係の確認に協力したこと、都道府県労働局の援助制度を利用したこと等を理由として、解雇その他不利益な取扱いをされない旨を定め、労働者に周知・啓発すること

表 1-3　事業主が行わなければならないパワハラの雇用管理上の措置(2)

ハラスメント（マタハラ）防止指針[5,6]で求められている内容とほとんど同じです。そのため、相談窓口はパワハラに特化したものである必要はなく、セクハラ・マタハラ等の他のハラスメントの相談窓口と統合して、一つの相談窓口としてもいいことになっています。

なお雇用管理上の措置は義務化されましたが、法律上罰則規定はありません。ただ、厚生労働大臣が必要だと認める時は、事業主に対する助言、指導または勧告をすることができます。また、規定違反への勧告に従わない場合には企業名が公表される可能性があります。

さらに、改正労働施策総合推進法第三〇条の三には、パワハラ防止対策を進める上での国、事業主及び労働者の責務が記されました（表1-4）。経営者や役員が自らパワハラを行っていることも珍しくありません。第三項では事業主及び役員の責務に触れており、これを根拠に組織のトップや役員を対象とした研修や教育が行われることが求められています。

また第四項で、事業主に対してだけでなく、労働者個人に対しても責務があると明示されたことは、非常に画期的と言えます。「自分はパワハラしないから・受けていないから関係ない」というように自分には関係ないことと認識するのではなく、労働者一人一人がパワハラに対して理解を深め、しないように努力することが法的に求められているのです。

パワハラの六類型自体は法制化前から存在していましたが、二〇二〇年六月の法制化により新たに加わった要素が、性的指向や性自認に関する内容です。例えばパワハラの六類型の「精

第一項	【国の責務】 国は、労働者の就業環境を害する前条第一項に規定する言動を行ってはならないことその他当該言動に起因する問題（以下この条において「優越的言動問題」という。）に対する事業主その他国民一般の関心と理解を深めるため、広報活動、啓発活動その他の措置を講ずるように努めなければならない。
第二項	【事業主の責務】 事業主は、優越的言動問題に対するその雇用する労働者の関心と理解を深めるとともに、当該労働者が他の労働者に対する言動に必要な注意を払うよう、研修の実施その他の必要な配慮をするほか、国の講ずる前項の措置に協力するように努めなければならない。
第三項	【事業主及び役員の責務】 事業主（その者が法人である場合にあっては、その役員）は、自らも、優越的言動問題に対する関心と理解を深め、労働者に対する言動に必要な注意を払うように努めなければならない。
第四項	【労働者の責務】 労働者は、優越的言動問題に対する関心と理解を深め、他の労働者に対する言動に必要な注意を払うとともに、事業主の講ずる前条第一項の措置に協力するように努めなければならない。

※法制化により、SOGIハラもパワハラの中に位置づけられた

表 1-4　改正労働施策総合推進法第三〇条の三

神的な攻撃」の例として「相手の性的指向・性自認に関する侮辱的な言動を含む、人格を否定するような言動を行う」、そして「個の侵害」の例として「労働者の性的指向・性自認や病歴、不妊治療等の機微な個人情報について、当該労働者の了解を得ずに他の労働者に暴露する」が追加されました（表1-1参照）[3]。

性的指向（Sexual Orientation：SO）は恋愛感情又は性的感情の対象についての指向であり、性自認（Gender Identity：GI）は自己の性別についての認識のことを指しますが、これらを合わせてSOGI（ソジ）と言い、SOGIに関するハラスメントはSOGIハラと呼ばれています。

SOGIハラの中で代表的なものが、SOGIに関する情報、例えばゲイであることやトランスジェンダー（生まれ持った性別と性自認が一致していない、性別違和のある人）であることを本人の了解なく他者に暴露すること、つまりアウティングです。今回の法制化で、このアウティングがパワハラに該当すると位置づけられました。

人事労務部門においても、相談者のSOGIに関する情報を本人の了解なく他の社員や上司に伝えることは、たとえ配慮を目的としたものであっても、パワハラに該当するため注意が必要です。SOGIに加えて、病歴、不妊治療に関しても、機微な個人情報として同様の扱いが必要となります。

シスジェンダー（生まれ持った性と性自認が一致している人）でヘテロセクシュアル（異性愛者）であるセクシュアルマジョリティの人と比べて、LGBTQ等のセクシュアルマイノリティの人の方が差別やハラスメントを受けやすいことは、多くの研究で報告されています。[7,8]私たちが日本で五〇〇〇名弱を対象に行った調査でも、セクシュアルマイノリティの人は、シスジェンダーかつヘテロセクシュアルの人と比べて、職場で二〜三倍ハラスメントを受けていたことがわかっています。[9]

LGBTQは、レズビアン（L：女性同性愛者）、ゲイ（G：男性同性愛者）、バイセクシュアル（B：両性愛者）、T（トランスジェンダー）、Q（クエスチョニング、クイア）の頭文字を取ったもので、セクシュアルマイノリティの代名詞として使われています。

同調査では、セクシュアルマイノリティの中でも特にトランスジェンダーの労働者が、SOGIハラを含むパワハラを受けやすいこともわかりました。[9]これはおそらく、レズビアンやゲイ、バイセクシュアルの場合は見た目ではわからないことが多いのに対し、トランスジェンダーの場合は男性から女性、あるいは女性から男性へ性移行するため、その過程や段階によって周囲も変化に気付きやすく、からかいや噂の対象になってしまうのではないかと考えられます。

LGBTQへのハラスメントは、理解不足によって行われることも少なくありません。特にトランスジェンダーの場合、ホルモン治療を受けたり、性別適合手術等の外科的手術を行ったりするなど、身体への負担も大変なものになります。シスジェンダーでヘテロセクシュアルにとっての「普通」を押し付けることのないよう、会社においても当事者の意見を聞いた上での配慮が求められていると言えます。

†パワハラの判断方法

行為者側に悪意があるかどうかは、パワハラの必須要件ではありません。行為者に悪意があったか、どのような意図があったかに関係なく、結果的にその言動が相手を傷つけるものであるか、職場環境や就業意欲を害するものであるかを重視して判断を行う必要があります。

これは、学校のいじめにも同じことが言えます。学校のいじめの場合、加害者のほとんどは「いじめのつもりはなかった」「遊びだった」というような証言をします。そして、それを真に受けて、学校や教育委員会が「いじめはなかった」と結論付けてしまうことがありますが、これは誤った判断です。

本来は、パワハラの三要件（①優越的な関係を背景とした言動である、②業務上必要かつ相当な範囲を超えている、③労働者の就業環境が害されている）と同様に、そこに相手の要求を拒否できないパワーの差があったかどうか、一般的にその言動が相手を傷つけたり学校生活を害したりするものかどうかで判断すべきです。

職場のパワハラもまた、「行為者に悪気がない」「愛情表現、教育表現として行った」「行為者は普段は良い人である」「被害者は仕事ができない」「被害者が、パワハラだと認識していない」等の一見正当そうな理由に惑わされて、パワハラではないと結論付けてしまう場合があります。これも、誤った判断です。

着目すべきは、行為者や被害者の認識がどうだったかではなく、「行為そのもの」「手段」「表現の仕方」が不適切かどうかです。例えば、どのような理由があっても、どんなに仕事ができない部下でも、罵声を浴びせたり人格否定したりする精神的攻撃や、相手が不利になるような噂を流したり恥をかかせたりする行為は、手段としても行為としても不適切です。また、たとえ仕事に必要な言動でも、手段や表現の仕方が間違っていれば、それはパワハラに該当します。

2 パワハラの発生状況

†厚生労働省による調査

二〇二〇年のハラスメント実態調査の結果を見ると、過去三年間にパワハラを受けていた人の割合は労働者の三一・四%でした。[10] 前回二〇一六年の調査では三二・五%でしたので、割合自体はほとんど変わっていないと言えます。

この調査ではパワハラの被害を「一度だけ経験した」「時々経験した」「何度も繰り返し経験した」と三段階で聞いているのですが、二〇一六年調査では被害割合はそれぞれ「一度だけ経験した」(六・九%)、「時々経験した」(一七・八%)、「何度も繰り返し経験した」(七・八%)なのに対し、二〇二〇年調査では「一度だけ経験した」(九・〇%)、「時々経験した」(一六・一%)、「何度も繰り返し経験した」(六・三%)でした(図1-1)。

つまり、二〇二〇年においても二二・四%の労働者が「時々」以上の頻度でパワハラを経験しています。対策の必要性が周知されていても、少なくない労働者がパワハラを継続して受けているのです。

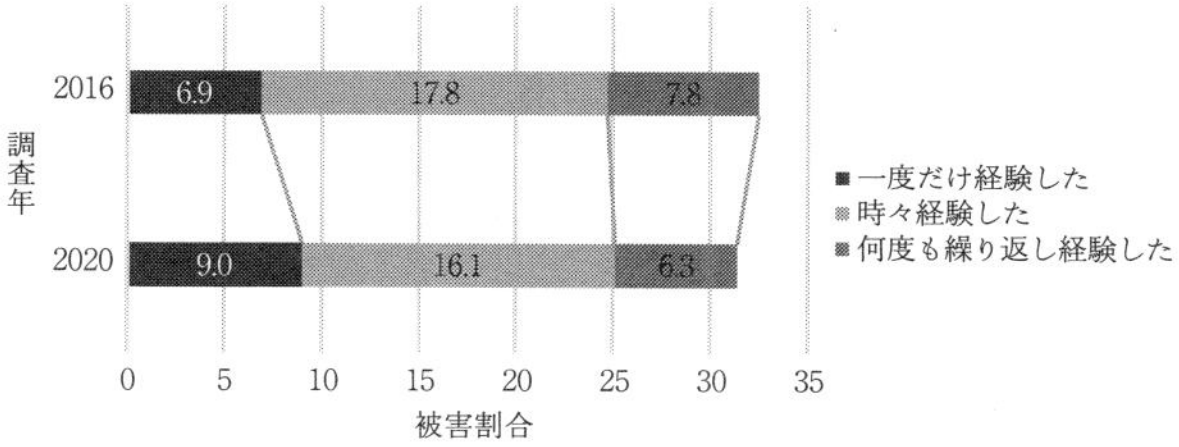

図 1-1　厚生労働省パワハラ調査：二〇一六年と二〇二〇年の比較

†新しいハラスメントの台頭：リモートハラスメントとテレワークハラスメント

二〇二〇年に入ってから、新しいハラスメントの形態が話題になるようになりました。リモートハラスメント（リモハラ）、テレワークハラスメント（テレハラ）と呼ばれるものです[11]。

まだ正式な定義はありませんが、オンライン上で行われる何らかのハラスメント（嫌がらせ）を意味します。リモハラやテレハラは、新型コロナウイルス感染症の流行に伴い、在宅勤務などのリモート勤務やテレワークが導入されたことで、発生報告が寄せられるようになったものです。

その実態を明らかにするため、私たちは二〇二〇年一一月に、フルタイム労働者約一五〇〇名に対して、新型コロナウ

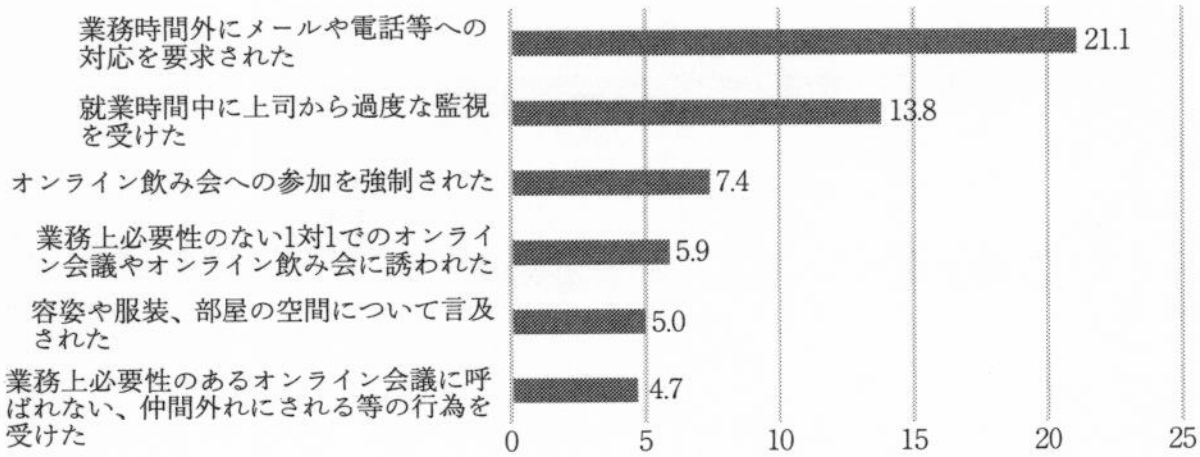

図1-2　コロナ禍でリモートハラスメントを経験した労働者の割合（%）(12)

イルス感染症に関わる全国労働者オンライン調査（The Employee Cohort Study in the Covid-19 pandemic in Japan [E-COCO-J]）を実施しました(12)。「新型コロナウイルス感染症流行以降、一度でも在宅勤務を経験しましたか？」の質問に「はい」と回答した四四一名の労働者に対して、二〇二〇年四月から調査時点までの間に各ハラスメントを経験したかどうか尋ねたところ、最も多かったのは「業務時間外にメールや電話等への対応を要求された」（二一・一%）であり、次に「就業時間中に上司から過度な監視を受けた（常にパソコンの前にいるかチェックされる、頻回に進捗報告を求める等）」（一三・八%）で、在宅勤務を行った労働者の一〜二割が経験していました（図1-2）。

これらは、パワハラの六類型で言う「過大な要求」に当てはまる項目であり、対面における接触機会が減った状況においても、ハラスメントの発生リスクがあることが示唆される結果となりました。

連合が実施した「テレワークに関する調査二〇二〇[13]」では、テレワークにより通常勤務よりも長時間労働になったと回答した人の割合が、半数超（五一・五％）でした。テレワークの場合、自宅を職場とする労働者が多く、オンとオフの区別がつきにくくなることから労働時間が長くなる傾向にあるようです。

オンライン業務で、これまでは集まりにくかった時間帯（例えば、七：〇〇～、二二：〇〇～等）に打ち合わせの予定が入ることも珍しくなくなりました。やろうと思えば二四時間仕事ができてしまう環境となり、そういった背景から、「業務時間外にメールや電話等への対応を要求する」というリモハラが発生する要因になった可能性があります。

厚生労働省ハラスメント実態調査結果とこのリモハラ調査をまとめると、パワハラは減っていないどころか、ますます多様化していると言えるかもしれません。業務時間外の連絡は基本的に禁止するなど、オンとオフをしっかり分けるような取り組みや、仕事の進捗の見える化により上司からの過度な監視を防止するなど、在宅勤務においてもハラスメント対策が求められていると言えます。

†男性と女性では、どちらがよりパワハラを受けているのか

日本以外では、パワハラの被害者は女性の方が多いことがわかっています。ただ、日本では

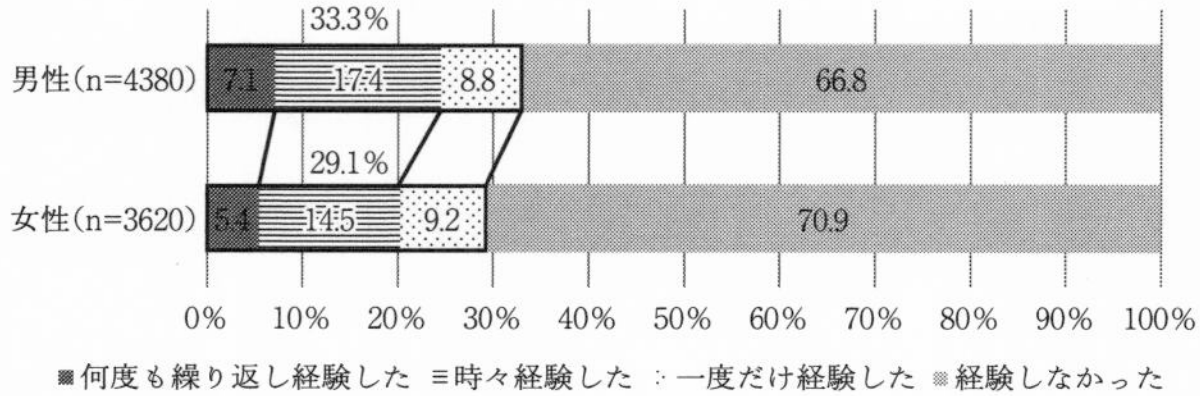

図 1-3　過去三年間にパワハラを受けた経験（男女別）(10)

男女ほぼ同数、もしくは男性の方がやや多いという特徴があります。

例えば、二〇二〇年の厚生労働省の調査では、女性労働者で過去三年間にパワハラを受けたのが二九・一%であったのに対し、男性労働者では三三・三%でした（図1-3）(10)。私たちが二〇二〇年に約三万人を対象に実施した調査でも、やはり女性よりも男性の方がパワハラを受けるリスクが高いという結果が明らかになっています(14)。

一方で、後述する私たちの労働者代表サンプル調査や地方公務員を対象とした調査では、パワハラ被害割合に統計的に有意な男女差があるとは確認できませんでした(15,16)。つまり、パワハラ被害に男女差があるかどうかはまだ確定できる段階ではないことを意味します。

しかし、二〇一六年の厚生労働省パワハラ調査(17)ではパワハラを受けた男性労働者が三三・九%、女性は三〇・七%で三・二%の差だったのが、二〇二〇年調査では四・二%に拡大したこ

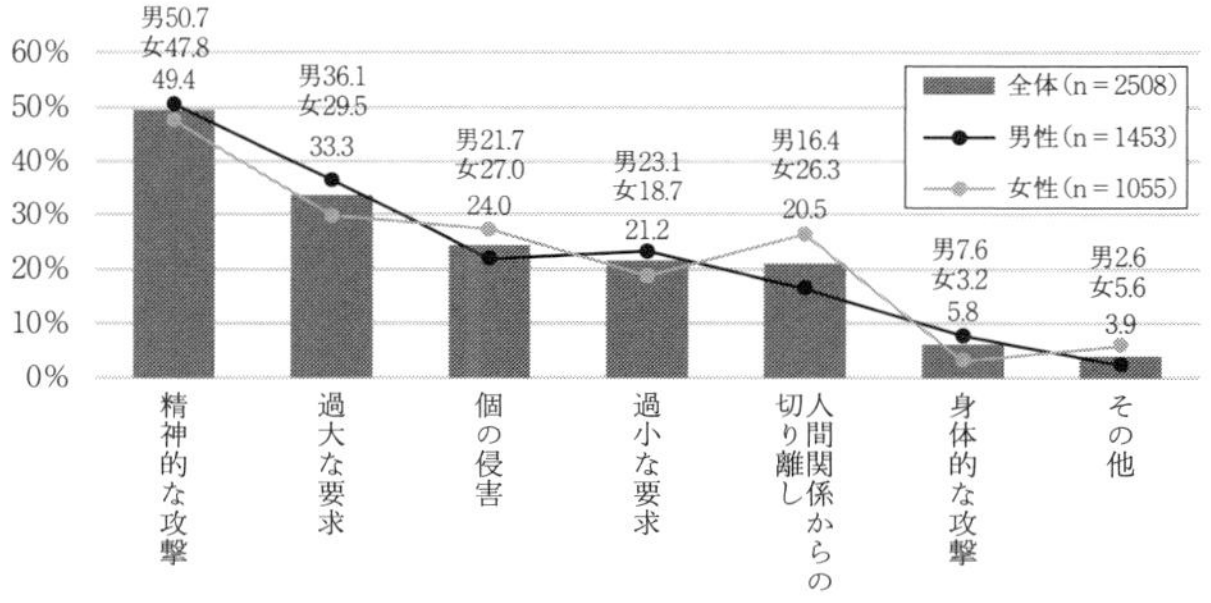

（対象：過去三年間にパワハラを受けた者）

図 1-4　過去三年間に受けたパワハラの内容（男女別）[10]

とを考えると、今後さらに男女差が拡大していく可能性はゼロではありません。

また、男女では、受けているパワハラの内容に違いがあることが明らかになっています（図1-4）[10]。女性が男性よりも多く受けているのは、パワハラ六類型のうち「人間関係からの切り離し」「個の侵害」です。いわゆる「いじめ」を連想させる言動と言えます。

一方で男性は、「過大な要求」「過小な要求」「身体的な攻撃」、つまり仕事に直接関係する嫌がらせや行き過ぎた指導や身体的暴行をより多く受けています。ちなみに、「精神的攻撃」については男女共に同じくらいの方が受けています。

おそらくこの男女差には、性別役割分業規範が影響していると考えられます。いわゆる「男性稼ぎ手モデル」と呼ばれるものです[18]。総務省統計局が標準世帯を「有業者が世帯主一人だけで、子どもが二人の四人世帯」と定

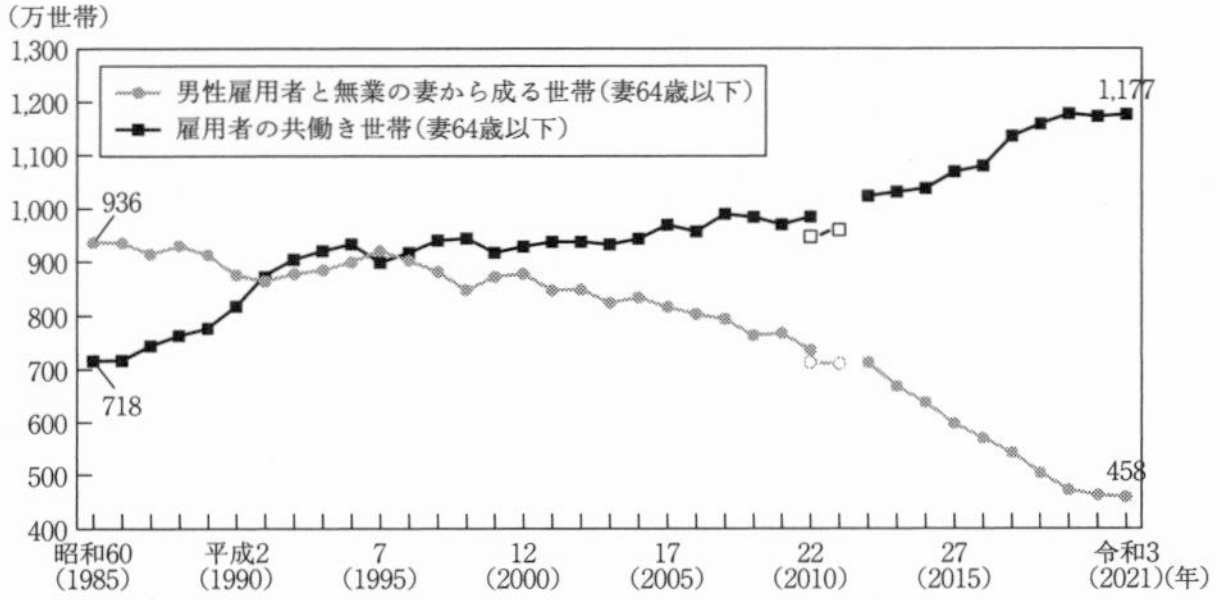

図 1-5　専業主婦世帯と共働き世帯数の推移（男女共同参画白書）[20]

義しているように[19]、「夫が働いて収入を得て、妻は専業主婦として子どもを育てる」世帯は、日本の典型的な家族構成とされてきました。

現在ではこういった標準世帯は非常に少なくなっており、夫婦ともに就業している共働き世帯が急増しています（図1-5）[20]。一九九七年には共働き世帯の数が専業主婦世帯の数を上回り、二〇二一年の共働き世帯は、専業主婦世帯の約二・六倍です。

このように、男性だけが働く世帯というのは近年激減しているのですが、一度社会通念となった思考は、なかなか消えません。また、人は自分が育ったり生活したりした環境を「普通」だと認識するので、それが異なる人がいると想像するのが難しくなります。

その結果、自分の妻が専業主婦であり、男性だけが稼ぐことが当たり前の環境で生活してきた上司世代は、男性が仕事のために時間を最大限使うことが当然であり、家族を養うために給与アップと昇進を目指すのが役割だと認識している人が多く、部下世代の男性がなぜ寝る間も惜しんで働こうとしないのか、なぜ家庭を優先しようとするのか、全く理解できません。

そのため、自分の部下が昇進できるように、給与が上がるように、良かれと思って「しごく」「厳しく指導する」ことがあります。そして、部下が期待水準に達しないことにカッとなって怒鳴ったり、あるいは「奮闘を促そうとして」「気合を入れようとして」暴力がふるわれたりすることもあります。

大抵の場合、これは男性の部下に対してだけ行われます。こういった上司は女性のことを家庭の稼ぎ手ではないと認識しているので、しごく必要がないと思っているからです。これが、男性の方が女性よりも「過大な要求」「過小な要求」「身体的な攻撃」といったパワハラを受けやすいことの原因です。

実際、男性に対してパワハラを行うのは、ほとんどの場合、男性であることがわかっています。例えば、ノルウェーで七九八六名を対象にした研究によると、「男性のみ」からパワハラを受けていた男性被害者は七〇%もいたのに対し、「女性のみ」からパワハラを受けていた男性はたった一〇%しかいなかったことが報告されています。(21) 一方で女性は、被害者の四八%が他の女性から、三一%が他の男性から受けていたことがわかっています。つまり、男性は男性からパワハラを受けることが多いのに対し、女性は男性からも女性からもパワハラを受ける傾向にあると言えます。

†パワハラ対応の男女差

この男女差は、職場での対応の差にもつながってきます。例えば、女性が受けやすいパワハラである「無視する・仲間外れにする・相手が嫌がっているのにプライベートを根掘り葉掘り聞く」等の言動は、個人間の争いであり、会社として対応すべき問題ではないと認識されてしまう傾向にあります。

特に、管理職への女性登用が進んでいない日本では、管理職ポストの大多数を男性が占めているため、女性同士がそういったやり取りをしている時に介入するのに躊躇するようです。私も、上司の立場にいる男性から、「同性(男性)には注意しやすいが、異性(女性)にはどのように注意していいのかわからない」という悩みを聞くことがあります。特に、勤続年数が長く発言力もあるベテランの女性社員に注意するのは、勇気がいるようです。

仮にいじめている社員に注意するにしても、「まあまあ、みんなで仲良くやって下さい」くらいで終わってしまい、被害者が会社を辞めるまでその行為が続いてしまうケースがあります。そして、また新たな被害者が生まれるという悪循環になるのです。

しかし、仕事に直接関係ないような言動に見えても、「人間関係からの切り離し」「個の侵害」はパワハラであると法的に位置付けられています。こういったいじめ行為に関しても、企業には、雇用管理上の措置を行うことが義務付けられているのです。

部下がいじめ行為をしているとわかった場合は、上司が「それはパワハラになりうる」「わが社の社員として不適切な行動だ」と明確に言って、止める必要があります。たとえパワハラの三要件に該当しなくても、周囲の社員の就業環境を悪化させているような言動はその場で注意しやめさせるのが、上司の役目です。

一方で、男性がより受けやすい「過大な要求」「過小な要求」「身体的な攻撃」は、別の対応の難しさがあります。女性が受けやすいパワハラ内容（「人間関係からの切り離し」「個の侵害」）よりは、一般的に「パワハラである」と第三者からも認識されやすいのですが、特に「過大な要求」「過小な要求」は仕事に直結するものであるため、業務の適正な範囲かどうかの判別が難しいという問題があります。

そのため、被害者自身も、パワハラを受けているというよりは、厳しい指導を受けているという認識となり、第三者から見るとパワハラの三要件に該当するようなケースでも、我慢して指導に従ってしまうことがよくあります。特に、真面目で上司の期待に応えようとするタイプの部下は、本人が不調を訴えていなくても、突然メンタルヘルス不調になったり燃え尽きてしまったりして会社に来られなくなる場合もあるため、注意が必要です。

上司としては、無意識のうちに男性の部下にだけ期待値をあげていないか、本人の成長につながるなら厳しいノルマや課題を与えてもいいと考えていないか振り返り、常に「本人が心身共に健康で働ける範囲の」仕事や負荷を与えることを心がける必要があると言えます。

第2章

誰がパワハラをしているのか

パワハラ行為者に関する研究は、まだまだ少ないのが現状です。[22,23] しかも、そのほとんどが被害者から報告された行為者の特徴についてまとめたものであり、行為者に直接アプローチした研究は限りなく少数です。

その理由は、単純に、妥当性のある情報を本人から取得することが難しいためです。パワハラ行為者側に話を聞いたり、パワハラの事実確認調査をしたことのある人であれば経験があるかと思いますが、「加害者」とされている人に話を聞くと、驚くほどに、パワハラをしていること、あるいは誰かを傷つけたり職場環境を悪化させたりしていることを自覚していません。それどころか、自分のことを非常に面倒見のいい上司であると認識していたり、むしろ部下にないがしろにされていたりする被害者であると認識している場合もあります。そのため、パワハラをしているかどうかを行為者本人に聞いても、客観的に見て妥当性のある情報を取得することができないのです。

パワハラ行為者に関する研究は発展途上ですが、被害者を対象にした多くの研究によって、行為者の特徴としてはいくつか傾向があることがわかっています。また最近では、行為者本人を対象に調査をした研究結果も報告されつつあります。第2章では、これらの研究結果を踏まえ、行為者の個人特性や性格特性に焦点を当てて解説します。

1　パワハラ行為者の職位

†行為者の七割が「上司」

国内外のどの研究においても、パワハラの行為者は上司や上の立場の人であると報告されています[24]。例えば関東地方のある市の地方公務員一七二五名（男性八六六名、女性八五九名）を対象にした私たちの調査では、被害者の七五％が「上司」からパワハラを受けたと回答していました。一方、「（先輩・後輩含む）同僚」から受けた人は被害者の四〇・六％、「部下」からは九・四％でした。

これらを合計すると一〇〇％を超えるのは、複数回答であるためです。例えば、先月は上司から「一度死んで来い」と罵倒され、昨日は先輩から無視されたという場合であれば、行為者として「上司」「同僚」両方に○がつくことになります。

二〇二〇年の厚生労働省ハラスメント実態調査でも、同様の結果が報告されています。パワ

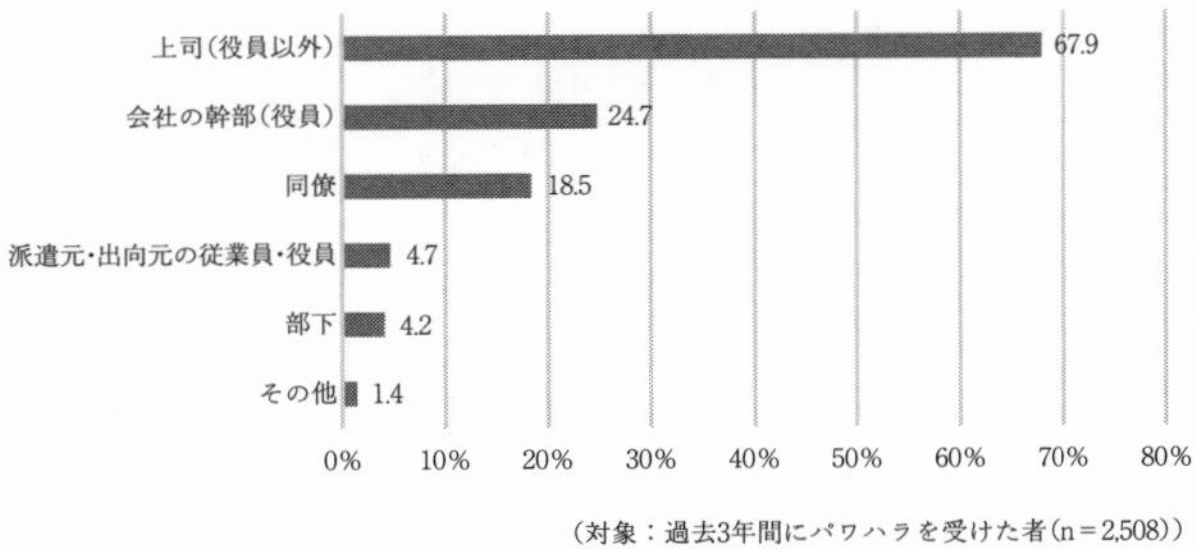

（対象：過去3年間にパワハラを受けた者（n＝2,508））

図 2-1　パワハラを行った者（厚生労働省二〇二〇年度ハラスメント実態調査報告書　図表七九）[10]

ハラ被害を誰から受けたか聞いたところ、最も多かったのは「役員以外の上司」で六七・九%、次に「会社の幹部（役員）」で二四・七%でした（複数回答）（図2-1）[10]。

また同調査では、管理職の人も、さらにその上の立場の人からパワハラを受けていることが示されています。パワハラの行為者に「上司」が多いことは、紛れもない事実です。

†どのように聞くかで、パワハラを受けている人の割合は大きく変わる

厚生労働省ハラスメント実態調査では、上司や役員等が行為者として報告されたことが多かった一方で、「同僚」からパワハラを受けたと回答した被害者は一八・五%のみでした。私たちの調査（四〇・六%）よりも「同僚」から受けたと報告している人が大幅に少ないのは、質問の仕方が影響していると考えられます。

というのも、パワハラ調査では、「パワハラを受けたこ

とがありますか？」と直接聞くのと、パワハラに該当するような行為例を羅列して、「これらの行為を受けたことがありますか？」とそれぞれ受けたか受けていないかを回答してもらうのとでは、その割合に大幅な差が出ることがわかっているからです(25,26)。

実際に、私たちの研究でも、パワハラ被害者を「パワハラを週に一回以上の頻度で受けている人」と定義して、比較しました(25)。その結果、直接パワハラを受けたかどうか聞くと〇・七％の人しか「はい」と回答しなかったのに対し、パワハラに該当する行為を一つでも受けていた人は九・〇％と、なんと約一三倍の差が出たのです。

これには、二つの原因があると考えられます。一つ目の原因は、「パワハラ」という言葉を聞いてイメージする内容が、人によって異なることです。パワハラの当初の定義が「職権等を背景とした嫌がらせ」だったことからも、そして法制化によって「優越的言動」と定義されたことからも、パワハラは上司から部下に対して行われる嫌がらせであると認識している人が多いかと思います。

実際には、第1章で説明した通り、同僚同士であっても行為者側に優越性や何らかの「パワー」があればパワハラに該当するのですが、そのことを認識していないと、同僚から「無視される」「仲間外れにされる」のような「人間関係からの切り離し」に該当するようなパワハラ行為を受けていても、「パワハラを受けていますか」と聞かれた時に「いいえ」と回答する傾向があります。そのため、行為者としても「同僚」があがってくることが少なくなると考えられます。

二つ目は、「パワハラの被害者である」ことに対するネガティブな印象やスティグマ（差別や偏見）が影響している可能性です。[26] 例えば、「パワハラを受けるような人は仕事のできない人だ」「何かできていない点があるから、上司から怒鳴られるのだ」と認識していたりすると、実際にはパワハラ行為を受けていても、「自分はパワハラを受けていない、上司から熱心な指導を受けているんだ」と思いこみやすいと指摘されています。

これは同僚からパワハラを受けている時も同じで、「自分は弱い立場なのだ」と自覚することにつながるため、認めたくないという心理が働くと言われています。[27] このことも、厚生労働省ハラスメント実態調査でパワハラの行為者として「同僚」があげられた割合が少なかったことに影響していると思われます。

2 なぜ、上司はパワハラをしてしまうのか

なぜ上司はパワハラをしてしまうのでしょうか。それはまず、管理職になると、ある程度は自分の思い通りになる力が手に入るからです。次に、権力を手に入れたり社会的地位が高くなったりすると、人は横柄になる傾向にあるからです。

ここでは、人がパワーや権力を手にするとどのような行動を取るようになるのか、なぜ権力を手にすると横柄になってしまうのかについて、様々な研究結果を紹介します。

そもそもパワーという言葉は、もともと〝権力〟という意味があり、自分の思い通りになる力を意味します。例えば、上司が部下に「おいお前、あとで俺のところに来い」と言ったら、ほとんどの部下は来てくれると思います。これは、先輩―後輩関係にも当てはまります。

部下が上司の言うことを聞くのは、好きだからでも魅力的だからでもなく、「単に上司だから」です。もちろん、上司のことを尊敬していたり、魅力的だと感じていたりする場合もあります。ただ一般的には、上司や先輩であることと、尊敬されたり好かれたりすることとは、必ずしも一致しません。

しかしながら、管理職につくと、自動的に権力を手にすることになります。多くの人が言うことを聞いてくれる様子を見て、「自分が偉くなった」という勘違いを生み出します。その結果、部下に対する要求をエスカレートさせたり、態度が横柄になったりするのです。

†人は優越性を得ると横柄になる

人は社会的に優位な立場に立つと、横柄になることがわかっています。社会や組織の上位にいくほど、①慈悲や同情の気持ちが減り、②権利意識や自己利益についての意識が強くなり、③周囲の人の不利益を顧みなくなることが、様々な研究からわかっているのです。(28,29)

権力を有する側は、紛争や交渉においても「要求をのむか、さもなければ、痛い目に遭うか」というアプローチを好むと報告されています。(30) 二〇二二年にほぼすべての国際社会を敵に回しながらウクライナに侵攻した、ロシアのプーチン大統領の強硬な姿勢は、まさしくこのアプローチの典型例と言えるかもしれません。

また、米国のカルフォルニア大学バークレー校の研究者らが行った七つの研究結果から、社会的に上の立場の人の方が、そうでない人よりも非倫理的な（不誠実な）行動をしやすいことがわかっています。(31)

ある研究では、地位の差によって行動に違いが出るのかを観察しました。被験者は社長や役員として、求人募集に応募してきた人との面接を任されます。その際、応募者は安定した雇用を希望していること、しかし募集している仕事は近いうちになくなる可能性が高いこと（その際に採用された人は雇い止めになること）が伝えられます。

その上で、被験者が「応募者に真実（採用されても、近い将来、仕事がなくなること）を伝えるかどうか」を見たところ、地位が高い役についた被験者ほどその事実を伝えない傾向にある（つまり、不誠実である）ことがわかったのです。

別の研究では、信号機のない横断歩道で、どのくらいの車が歩行者のために停止するかを調べました。その結果、高級車であるほど、歩行者を無視して走り去る傾向にあることがわかっています。

社会心理学者のポール・ピフ（カルフォルニア大学アーバイン校）らは、自分の努力ではなく社会的地位が高くなった場合（または金銭的に豊かになった場合）に、人の行動がどう変化するかについて調べています。(32-34)

使ったのは、日本でもお馴染みのボードゲーム「モノポリー」（サイコロを振ってマスを進めながら、不動産等の資産を増やしたり他のプレイヤーから資産を奪ったりするゲーム）です。被験者には四人一組でモノポリーをしてもらうのですが、そのうち一人の被験者だけが有利な条件（毎回サイコロを二回振ることができ、二倍のお金を得て、誰よりもコマを先に進めることができる）でゲームを進められるように設定します。

毎回二回サイコロを振って、他のプレイヤーよりも二倍のお金を貰えたら、誰でも〝お金持ち〟になることができます。このように、不公平な条件で〝お金持ち〟になった場合、その被験者がどのような行動を取るかを観察したのです。

その結果、ゲームが進むにつれ、お金持ちのプレイヤーは、その他のプレイヤーに対して横柄な態度を取るようになりました。例えば、「なんで君はそんなにお金ないの？」と言ったりする等、お金がないことを馬鹿にするような発言や態度を取るようになったのです。また、側に置いてあるお菓子も、他のプレイヤーよりたくさん食べる傾向にありました。

ゲーム終了後のインタビューで、「なぜあなたはゲームに勝ったのか」を聞くと、〝お金持ち〟のプレイヤーは（元々そうなるように仕組まれていたにも関わらず）、「自分が成功するためにどのような努力をしたか」「どのように戦略を立てて資産を買ったか」等、いかに自分が努力したかを語る傾向にありました。「毎回二回サイコロを振ることができたからです」のように、不公平な条件のせいであると話す人は一人もいなかったのです。

この実験結果はまさに、社会や組織の上位にいくほど、①慈悲や同情の気持ちが減り、②権利意識や自己利益についての意識が強くなり、③周囲の人の不利益を顧みなくなること、を証明しています。

その逆に、社会的地位が低い人（または貧しい人）の方が、より寛大であり、他者を信頼する傾向にあり、他者に施すのに熱心であり、他者を手助けする傾向にあったことが、複数の実験によって報告されています。[35]

これらの研究は主に米国で行われた研究であり、貧しくても他者へ施すことを教えとするキリスト教信者が多いことが影響している可能性もありますが、少なくともこれらの研究は、社会的地位や金銭的な豊かさと心の豊かさとは必ずしも一致しないことを示しているのです。

モノポリーの実験で証明されたように、社会や組織の上位にいくほど、自分の努力によってその地位まで到達したと認識してしまうため、努力しない者に対して自己責任論を押し付けたり、厳しい態度を取ったりするようになる傾向があります。これが、人が権力を手にすると横柄になってしまう理由です。

これは組織内の昇進にも同じように当てはまります。本当はたまたま年齢的に適齢だった、たまたま取引先に恵まれた、たまたま家事・育児・介護の負担がない等の有利な条件で仕事していた、あるいは上長のお気に入りだったなどが昇進に大きく影響していたとしても、昇進した本人はそういった環境要因よりも「自分が努力したからだ」「自分は選ばれた人間なのだ」と認識する傾向にあります。

その結果、「下は言うことを聞くべき」「自分のように、周囲も努力すべき」という思考になり、その期待に応えない部下に対してイライラするようになります。部下の努力を当然のこととして求めるので、次第にパワハラにつながるような言動が増えるのです。

さらに、上司になると、慈悲や同情の気持ちが減るだけでなく、部下の感情を適切に読み取ることもできなくなる傾向にあります。実際に、社会的地位の高い人は、そうでない人と比べて、相手の表情から感情を適切に読み取ることができなかったという研究報告が複数あります(28,36)。つまり、部下が辛そうにしていても、上司はそれに気付きにくいため、さらにパワハラ行為をエスカレートさせてしまうのです。

一方で興味深いことに、「自分は社会的弱者である」と思いこませてから、もう一度相手の感情を読み取る作業をしてもらうと、今度は正確性が上昇したという研究もあります(36)。つまり、上司が忘れてしまった慈悲や同情の気持ちを蘇らせるには、社会的弱者の立場を疑似体験できるような研修や、部下の立場に立って考える機会を定期的に作る等の方法が有効だと言えます。

権力やパワーを持つと、悪意がなかったとしても行き過ぎた行動に出る可能性が高いと言うことは、パワーを持った時にどういう振る舞いをする人なのかの見極めが重要です。パワーを適切に使える人なのかどうかを、管理職に登用する前にスクリーニングする必要があると言えます。

また、登用前の研修で、管理職になっても人として偉くなるわけではないこと、業務内容にマネジメント業務が加わっただけであること、部下が上司の言うことを聞いて当たり前だと思わないことを、説明して理解してもらうことも大切です。

3　パワハラ行為者の性別

パワハラを受けやすいかどうかに男女差があることは、第1章で触れました。日本以外の国では被害者の女性割合が高いことが報告されていますが、日本では被害者の男女割合に差がないか、[15,16]もしくは男性の方がやや多いことがわかっています。[10,14]また、男性は男性からパワハラを受けることが圧倒的に多く、女性は女性からパワハラを受けることが若干多いものの、男性からもパワハラを受けることも紹介しました。[21]

では、パワハラをしている側に、男女差はあるのでしょうか。男性も女性も男性からパワハラを受けることが多いとなると、必然的にパワハラ行為者は男性の方が多いということになりますが、その通りです。多くの研究で、行為者は女性よりも男性の方が多いことがわかっています。[24,37]

ここでは、国内外でパワハラ行為者のうち男性が占める割合はどのくらいか、そしてなぜ行為者に男性が多いのかについて、様々な研究結果を紹介します。

†パワハラ行為者には女性よりも男性が多い

パワハラ行為者に女性よりも男性の方が多いことは、全世界的な傾向です。[24,37] 例えば、米国ではパワハラ行為者の七〇％が男性であったことが報告されています。[38] スペインの研究では、パワハラが主に男性によって行われたのは五二％、主に女性によって行われたのは二一％、男女両方から行われたのは二七％で、男性が行為者として関わったパワハラは全体の八割を占めることがわかっています。[39]

これらの研究は被害者からの報告をまとめたものですが、行為者自身の申告でも、やはり男性の方がパワハラ行為をより多くしていることがわかっています。[40] これは日本でも同様で、過去三年間に二つ以上のパワハラ行為をしたのは女性の一・九％であったのに対し、男性では二・七％と、男性の方が一・四倍、複数回のパワハラ行為をしていることが報告されています。[41]

厚生労働省調査でも、例えば二〇一二年パワハラ実態調査で「過去三年間にパワハラをしていると指摘されたことはありますか」と聞いたところ、「ある」と回答した女性は五・五％であるのに対し、男性では八・六％でした。[42] 二〇一六年の厚生労働省パワハラ実態調査でも同様の結果が報告されており、過去三年間に一度でもパワハラをしていると指摘されたことがある人（職場で冗談半分で言われたものは除く）は女性で九・二％、男性で一三・七％と、約一・五倍の差があります。[17]

これらの調査は行為者自身の自己申告によるため、もしかすると男性の割合を過小評価している可能性があることに留意する必要があります。というのも、パワハラ行為者は、驚くほどにパワハラをしていると自覚していないからです。[43]

私自身が受けてきた相談事例を振り返ってみても、またパワハラ関連の裁判例を見ても、行為者には男性が多い傾向にあります。私が顧問を務めている会社ではパワハラ行為者向けに行動変容プログラムを提供していますが、これまでそのプログラムを受講した行為者のほぼ全員が男性なのも、その傾向を表していると言えるでしょう。女性よりも男性の方がパワハラ行為者になりやすいというのは、日本でも当てはまるようです。

†なぜ、パワハラ行為者に男性が多いのか

パワハラ行為者に男性が多い理由として、五つの理由が考えられています。一つ目は「管理職に男性が多い」こと、二つ目は「男性の方が攻撃的な行動を取りやすい」こと、三つ目は「〝有害な男性らしさ〟の影響を受けている」こと、四つ目が「男性の方が相手の感情を読み取りにくい」こと、そして五つ目が「パワハラ行為を行いやすい性格傾向を持つ人が男性に多い」ことです。このうち、性格傾向については、「4　パワハラ行為者の性格特性」で詳しく

述べます。

なお断っておきますが、私は「男性が悪い」と言いたいわけではありません。あくまでパワハラがなぜ起こるのかの理解のために、これまで研究でわかっていることを紹介することが目的であることをご理解いただければと思います。

†①管理職に男性が多い

パワハラ行為者に男性が多い最大の理由は、管理職における男性の割合が高いからだと考えられています。[24] パワハラ行為者の六〜七割は上司であるため、そのポジションに男性が多ければ、必然的に男性が多くなります。

特に日本では、管理職の女性比率が諸外国と比べて著しく低いという特徴があります。例えば「令和四年版男女共同参画白書」によると、二〇二一年時点で管理的職業に従事する女性の割合はたったの一三・二％です（図2-2）。[20] ここでいう管理的職業とは、会社役員、企業の課長相当職以上、管理的公務員を指します。

管理的職業に女性が占める割合が三割程度のドイツやフランスと比較しても、また同じアジアの国であるマレーシア（二三・三％）やシンガポール（三八・九％）と比較しても、日本における女性管理職の少なさは際立っています（韓国だけは、日本と状況が近く一五・七％です）。

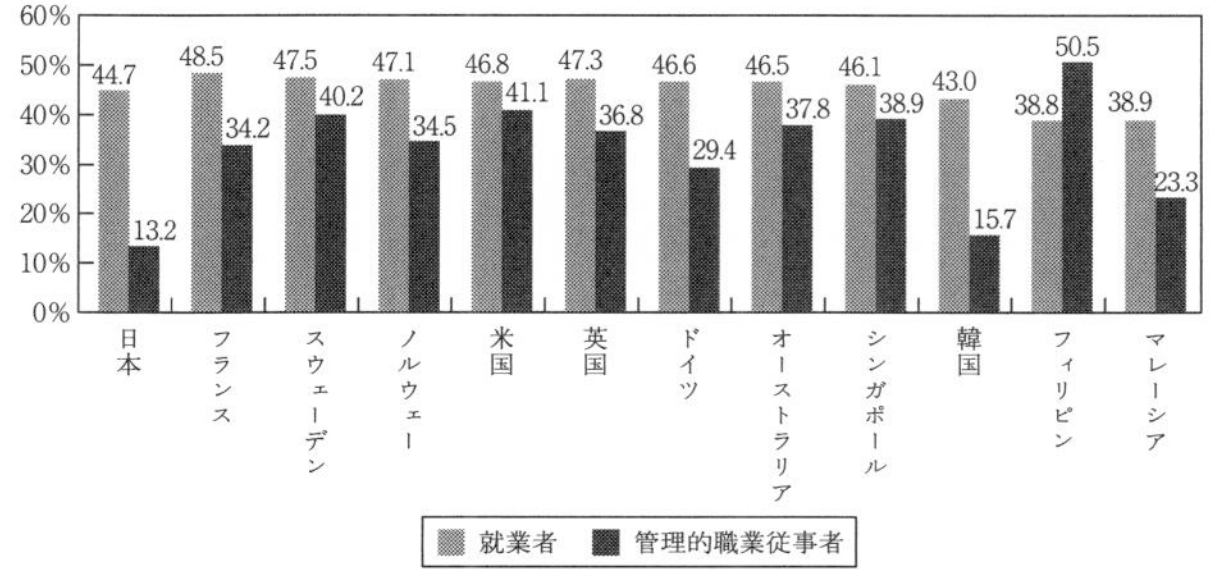

（備考）1. 総務省「労働力調査（基本集計）」（令和3（2021）年）、その他の国はILO "ILOSTAT" より作成。
2. 日本は令和3（2021）年、米国、韓国は令和2（2020）年、オーストラリアは平成30（2018）年、その他の国は令和元（2019）年の値。
3. 総務省「労働力調査」では、「管理的職業従事者」とは、就業者のうち、会社役員、企業の課長相当職以上、管理的公務員等。また、「管理的職業従事者」の定義は国によって異なる。

図 2-2　就業者及び管理的職業従事者に占める女性割合（令和四年版男女共同参画白書）[20]

これは他の分野でも同じで、例えば国会議員における女性比率を見ても、日本は一六五位と、先進国で断トツの最下位です。国際的な議員交流団体「列国議会同盟（Inter-Parliamentary Union：IPU、本部スイス・ジュネーブ）」の発表によると、日本の国会議員において女性は九・七％しかいません（二〇二一年時点）[44]。

二〇二一年の状況をまとめたIPUの報告書では、冒頭部分で「トンガと日本における女性議員比率は依然として低いままである」と言及があります。二〇二一年の名目GDP（国内総生産）が約五四二兆円で世界第三位、人口一億二〇〇〇万人である日本が、ポリネシアに位置する人口一〇万人の国であるトンガ王国と、議員の男女比率で肩を並べているという状況なのです。

日本において管理的職業に従事する女性の割合

が一三・二％ということは、男性が八六・八％と圧倒的多数を占めていることを意味します。パワハラ行為者になりやすい管理職に男性が九割弱もいるのですから、パワハラ行為者にも男性が多いのは必然と言えるかもしれません。その意味では、女性が多い職種（看護師や保育士等）で、女性が上司の立場にいる職場であれば、女性の方が行為者になりやすい可能性があると言えます。

ただ、管理職における男女差がほとんどない北欧諸国でも、パワハラ行為者に男性が多いことが報告されています。例えば、ノルウェーで七九八六名を対象にした研究では、四九％の被害者が男性から、三〇％が女性から、二一％が男女両方からパワハラを受けていたことを報告しています。[21] 行為者に女性が入っているケースは全体で五一％であったのに対し、行為者に男性が入っているケースは全体の七〇％と、やはり大幅に多いのです。

つまり、パワハラ行為者に男性が多いことは、管理職における男性割合だけでは説明できないことを意味します。

†②男性の方が攻撃的な行動を取りやすい

行為者に男性が多いという傾向は、パワハラの関連事象、例えば無礼な態度や暴力でも同様です。[37] 特に、怒りを感じた時に、男性は女性よりも攻撃的な行動を取る傾向があることが報告されています。[45] 社会的にも、男性が部下に対して「怒鳴る」行為は比較的許容されやすい傾向にあります。[46,47]

社会的な性役割は、第1章で紹介した性別役割規範の通りです。例えば、女性は「良妻賢母であるべき」「男性をサポートする側にまわるべき」「かわいらしい存在でいるべき」という性役割が期待されるため、「部下に対して怒鳴っている」という行為は、みっともない、ヒステリックである、というネガティブな評価や周囲の拒否反応につながりやすい傾向にあります。そのため、女性による暴力は社会的に抑制される傾向にあるのです。

一方で、男性は「稼ぐべき」「出世するべき」という性役割が期待されるため、その目的達成のための行動であれば、多少荒いやり方でも許容される傾向にあります。それどころか、むしろ「男らしい」と評価される場合もあります。そのため、男性による暴力は社会的に抑制されず、これが「男性の方が女性よりも攻撃的な行動を取りやすい」という性差につながるのです。

ただ、女性よりも男性の方がどのような時でも他者に攻撃的になりやすいかどうかについての研究は、必ずしも一致した結果が得られていません。例えば、かなり古いですが、一九八六年に米国で発表されたメタアナリティック・レビューによると、全体的に男性の方が女性より攻撃的行為に従事していた傾向はあったものの、その差はそれほど顕著ではなかったことを報告しています。[48]

逆に、陰湿ないじめに関しては女性の方が行為者になりやすいという指摘もあります。[49] 特に女性は、「関係性攻撃（relational aggression）」と呼ばれる方法でいじめを行う傾向が強いと報告されています。[50] 例えば、仲間集団の中で悪意ある噂を流して仲間が噂の当事者を排除するように仕向ける、特定の人と仲良くなることをやめるように言いふらして自身の優位性を保つ、友人をやめると脅す、等の攻撃です。このことは、厚生労働省調査で女性の方が「人間関係からの切り離し」「個の侵害」といったパワハラを男性よりも受けやすいことと一致しています。[10]

ただ、深刻度が高い攻撃的行為、特に身体的暴力を伴うものは、男性の方が加害者になりやすいことがわかっています。例えば、法務省が毎年出している『犯罪白書』によると、二〇二〇年度に検挙された刑法犯の中で男性が占める割合は、強盗犯の九二・二%、傷害犯の九〇・九%、恐喝犯の九〇・八%、暴行犯の八六・二%、放火犯の七六・五%、殺人犯の七六・一%でした。[51] 詐欺や偽造等のすべての刑法犯をあわせても、全体で刑法犯の七八・七%が男性であることがわかっています。

これらのデータを鑑みると、職場で行われるパワハラの中でも特に暴力的であったり、あるいは被害者が亡くなったり自殺に至ったりするような深刻なものであったりするほど、男性が行為者となっている可能性は高いと言えます。

パワハラ事件の中でも特に深刻と思われるものを見ていくと、同様の傾向が見えます。例えば、日本では、いじめやからかいの延長として、同僚や部下の肛門にエアーコンプレッサー(業務用空気圧縮機)を吹き付けた事件が度々発生しています。

これらの事件は毎回大きくニュースで取り上げられるため、耳にしたことがある人も多いかもしれません。これまでに日本国内だけで何件も発生していますが、いずれの事件も、傷害容疑で逮捕された行為者は男性です(表2-1)。

エアーコンプレッサーは、コンプレッサー、モーター、タンクを合わせた機器で、圧縮した空気を動力として動かすものです。ため込んだ高圧空気をノズルなどから一気に放出することで、ボルトやナットの装着、塗装、自動車のタイヤの空気入れ、研磨・切削、清掃等の、人力ではできないパワーを必要とする作業を行うことができます。

それを肛門に吹きかけると、肛門から圧縮された空気が直腸に入り急激に膨張するため、直腸が裂傷したり、そこから流入した空気が腹部や胸部に流入して内臓損傷が起きることで死亡したり、胸腔内に空気が溜まることなどによって窒息死に至ったりします。

小型のものでも、一分間におよそ成人男性一人分の体積の空気を送り込むことができるとされています。肛門に直接挿入せずとも、服の上から吹きかけるだけでも圧縮された空気が体内に入ってしまい、大きな事故になってしまうのです。

発生年月	内　容	発生場所	行為者の性別とその後
2017年12月	同僚の服の上から肛門へエアーコンプレッサーの空気を吹き付けられ、内臓損傷により一人死亡	埼玉県の産業廃棄物処理場	埼玉県と千葉県の男性が傷害致死容疑で逮捕
2018年3月	同僚に服の上から肛門へエアーコンプレッサーの空気を吹き付けられ、一人が直腸にけが	島根県の配管工事の現場	山口県の男性が傷害の容疑で逮捕
2018年7月	同僚に服の上から肛門へエアーコンプレッサーの空気を吹き付けられ、内臓損傷により一人死亡	茨城県の建設機械製造会社の工場	茨城県の男性が傷害致死容疑で逮捕
2020年3月	同僚に服の上から肛門へエアーコンプレッサーの空気を吹き付けられ、一人が重傷	茨城県の会社	茨城県の男性が傷害容疑で逮捕

表 2-1　日本の職場において発生した主なエアーコンプレッサー事件

こういった事件は、もはや傷害事件でありますが、パワハラに関して裁判になっているケースを見ても、行為者のほとんどが男性です。

すべての男性がこういった暴力性を持っているかというと、もちろんそうではありません。男性であっても全くパワハラをせず、暴力行為もしない人はたくさんいますし、むしろそちらの方が多数派であると思います。それではなぜ、こういった男性による暴力行為や加害行為が起きるのでしょうか。

③〝有害な男らしさ〟の影響を受けている

こういった暴力行為は、「有害な男らしさ(toxic masculinity)」の一種であると言われています。それは、感情の抑圧、たくましさの維持、力の指標としての暴力行為等に代表される「男らしさ」を指します。

「男らしさ」というのは、生まれ持ったものではありません。社会的な性役割と共に、「男はこういうものなのだ」と後天的に学び、身につけるものだと言われています。そして近年、こういった社会的な男性としての性役割が、加害行為を促している危険性が指摘されています。[52]

例えば、あなたは「男らしさ」と聞いてどのようなことを思い浮かべますでしょうか。私がある研修でこの質問を投げかけたところ、返ってきた回答はこのようなものでした。

・あまり自分のことをしゃべらない　・余計な主張をしない　・不平不満を言わない　・我慢強い　・声が大きい、大柄、いつも笑顔で動揺しない　・弱音を吐かない　・筋肉質　・寡黙　・酒豪　・豪快　・言い訳しない　・身体が強い　・責任を引き受ける　・不可能そうなことも可能と言ってしまう　・周囲がいやがることを引き受ける　・リスクをとる　・物事をはっきり言う　・立身出世を強く望んでいる　・決断力がある

これまでいくつかの研修で同じ質問をしてみましたが、必ず出てくるのは「強いこと」「頼りがいがあること」でした。こういった「男らしさ」はもちろん文化によっても異なりますが、社会心理学者のロバート・ブラノンとデボラ・デイビッドは一九七六年、男性の性役割に関する、すなわち伝統的な男性性（男らしさ）に関する基本的な構成要素を四つにまとめています。[53]

一つ目は「意気地なしはダメ」（弱音を吐かないこと）、二つ目は「大物感」（上に見られたいという欲求と、男性の成功とステータス）、三つ目は「動じない強さ」（とりわけ危機的状況における男性のたくましさと自信と自立心）、そして四つ目は「ぶちのめせ」（男性の振る舞いにおける暴力性、攻撃性、大胆さ）です。興味深いことに、日本人に聞く「男らしさ」とも、ほとんど一致していることがわかります。

こういった「男らしさ」は、早くも幼少期から形成されます。例えば、青年を対象とした米国とメキシコの調査では、回答者の半数以上が、親から不安や恐怖の感情を隠すように教わり、困難に直面した時には「耐えろ」、弱さを見せた時には「男らしくしろ」と言われてきたと回答しています[54]。

米国・イギリス・メキシコの一〇~二〇代男性約四〇〇〇名を対象とした二〇一七年の調査[55]では、「内面で恐怖を感じたり緊張したりするときでも、男は強気にふるまうべきだ」に「そう思う」と回答した男性は米国で五九%、イギリスで五一%、メキシコで四八%であったと報告されています。

また、二〇一七年の別の米国の調査[56]では、ミレニアム世代の男性の六一%が「多数の相手と性的関係をもたねばならないプレッシャーがある」、五七%が「仲間が女性について性的なトーンで話しているときに同調するプレッシャーを感じる」と回答していたこともわかっています。

こういった男らしさと、パワハラとがなぜ関係するのか、と思われたかもしれません。実は「男らしさ」の中には、「有害なもの」と「そうでないもの」があります。有害な男らしさとは前述の通り、感情の抑圧、たくましさの維持、力の指標としての暴力行為や力の誇示等に代表される「男らしさ」を指します[52]。

例えば、店員に土下座を求める、あおり運転をした上で「てめえ、舐めとんのか」と暴言を吐く、男性上司が「部下から舐められたくない」気持ちから、優位に立つために部下をしごく、などが例としてあげられます。この「有害な男性らしさ」こそが、パワハラにつながりやすいのです。

また、「自分は女々しくない」ことを男性仲間にアピールするために、（本当はしたいと思っていなくても）攻撃的行為や暴行をしてしまうことも、「有害な男らしさ」の一つです。力でねじ伏せることが男らしいことの証明になるため、加害行為に加担してしまいます。飲み会の場で誰が女の子を持ち帰りできるか競い合う、レイプしたことを武勇伝のように語る、というのも代表的な例です。

ストーカー行為（特定の人に恋愛感情もしくは恨みの感情を持ちながら、つきまといをすること）の加害者にも男性が多いことが報告されています。例えば、警視庁が報告している二〇二〇年におけるストーカー事案の対応状況を見ると、加害者の八〇・七%が男性です。(57) なお、被害者は女性が圧倒的に多く（被害者のうち八七・六%）、男性の被害者は一二・四%です。

ここにも、「口説く」ことが男らしさの表れだと認識していることが影響している可能性があります。例えば、ストーカー行為で七年の有罪判決を受けた男性は「仕事に自信を持ち始めたころで、少し傲慢になりがちな所があった。男は押しの一手なんだと思って、何回もプロポーズを繰り返していけばいいんだと思って、それをしていた」と話しています。[58]

男らしさが求められるスポーツを行うことと、スポーツ以外の場所での身体的攻撃性との関連をみた研究[59]もあります。学生数一万人強の中規模総合大学に所属する男女約二〇〇名を対象とした調査を行ったところ、女性アスリートではコンタクトスポーツ（ラグビー、アメリカンフットボール、レスリング、柔道等の、相手選手に直接接触する形式の競技）への参加のみが身体的攻撃性に関係していたのに対し、男性アスリートでは、チームスポーツやコンタクトスポーツへの参加すべてがスポーツの場以外での身体的攻撃性に関係していたことがわかっています。つまり、女性であっても、攻撃性が求められる競技に従事することは、日常生活における他者への攻撃性を強めると言えます。しかし、男性の方がよりその関連が強く出ることは、男性が知らず知らずの内に、社会的にも「有害な男らしさ」の影響をより強く受けている可能性を示していると言えます。

スポーツを通して有害な男性らしさを獲得した人々を、「有毒体育会系」と呼んでいる研究者もいます。[60]一般的にスポーツは心身の発達に良い影響をもたらしますが、「有毒体育会系」の学生の関心は、チームワークやスポーツマンシップよりも、他の選手より優れたパフォーマンスをしてスターになることに重きが置かれているため、自己中心的で衝動的である傾向が指摘されています。

この傾向は、特にコンタクトスポーツをやっていた学生に顕著です。つまり、社内にスポーツを通して有害な男性らしさを獲得した上司が多くいる場合、その組織内のパワハラ発生リスクも高いと言えます。

実は「有害な男らしさ」は、男性自身にも苦痛をもたらすことがわかっています。[61] 男性社会の中では常に「誰が最も男らしいか」を競い合うので、自らの優秀さを証明し続けなければならず、疲弊していても弱音が吐けないというサイクルが生み出されます。そしてこのことは、過労死するのも、自殺で亡くなるのも、アルコール依存症になるのも、女性よりも男性が多いこととつながっています。

†④男性の方が相手の感情を読み取りにくい

女性の方が相手の表情から感情を読み取る能力が高い、逆に言えば男性の方が感情を読み取る能力が低いことは、複数の研究結果をまとめて検証するメタアナリシスでも報告されています。[62,63] そしてこれは、子どもにおいても同じです。思春期の学生であっても幼児であっても、女児の方が男児よりも、相手の表情から感情を正確に読み取る傾向があるのです。[64]

ただし、感情の種類によっては、男性の方が敏感に認識したり、男女差がなかったりすることもわかっています。例えば、一四歳前後の中学生を対象にした研究では、男女ともに「相手が怒っている」「相手が喜んでいる」ことを過大に認識しやすかったのですが、男性は女性よりもさらに「相手が喜んでいる」ことを過剰に認識しやすい傾向があることが報告されています。[64]

ただ、これはあくまで全体的な傾向であり、個別性があることは言うまでもありません。女性であっても相手の感情を読み取ることが苦手な人もいますし、男性でも相手の感情を読み取るのが得意な人もいます。

他者の感情を読み取ることが苦手なために、「自分はパワハラをしているかもしれない」と気付くことが困難になるとも考えられます。本人に気付きを促すのではなく、第三者がその行為をやめるよう「警告」することでしか行為が止められない可能性があります。

†⑤パワハラ行為を行いやすい性格傾向を持つ人が男性に多い

近年、パワハラ行為者に特有の性格傾向があることが報告されています。その中でも特に注目されているのが、マキャベリアニズム（マキャベリ主義）、サイコパシー（精神病質）、ナルシシズム（自己愛性傾向）の三つの要素から構成される「ダークトライアド」です。そして、これらに当てはまる人は男性に多いことがわかっています。

例えば、どの調査票を使っても、どのような対象者でも、三つの特性すべてで女性よりも男性の方が高い得点が出ることがわかっています。[65-67] この性差は、メタアナリシスで証明されており、特にサイコパシーにおいて男性であることとの関連が強いと報告されています。[68]

このことは、凶悪犯罪の犯罪者に男性が圧倒的に多いことを説明する因子にもなると考えられています。なぜなら、ダークトライアドの中でも特にサイコパシーは、繰り返す犯罪行為と関係があることがかなり前からわかっているからです。[69] なぜサイコパスに男性が多いかについては、遺伝や、テストステロンに代表される男性ホルモン等の生物学的な要素の影響、そして社会的な性役割の影響が複合的に関係していると考えられています。

4　パワハラ行為者の性格特性

人の性格は、様々な行動に影響します。例えば、好奇心が旺盛な人はタバコを吸いやすかったり起業しやすかったり、[70,71] 自己管理が苦手だったり自制心が欠如している人はお酒を飲みすぎたり食べ過ぎたり、はたまた暴力行為を働きやすいことがわかっています。[72] そして、そういった行動が結果的に寿命にも影響することは、七万人以上を対象にしたメタアナリシスでも明らかになっています[73]。

それでは、パワハラ行為者の性格には、どのような特徴があるのでしょうか。パワハラ行為者の性格特性を明らかにした研究はそれほど多くないものの、近年、いくつか報告されていますので、その一部を紹介します。

†ビッグ・ファイブ・パーソナリティーとヘキサコモデル

性格に関する分類では、ビッグ・ファイブと呼ばれる、性格特性を五つの因子に分類したものが有名です。開放性（Openness）、誠実性（Conscientiousness）、外向性（Extraversion）、協調性（Agreeableness）、神経症傾向（Neuroticism）がそれぞれどの程度高いのか低いのかを得点化することで、その人の性格特性の特徴を明らかにすることができるものです（表2-2）。ファイブファクターモデル（Five-Factor model）、あるいは頭文字を取って、オーシャンモデル（OCEAN model）と呼ばれることもあります。

このビッグ・ファイブにさらにもう一つの要素、正直さ―謙虚さを加えて、六因子モデルにしたHEXACO model（ヘキサコモデル）があります[74]。正直さ―謙虚さ（Honesty-Humility）、情動性（Emotionality）、外向性（eXtraversion）、協調性（Agreeableness）、誠実性（Conscientiousness）、経験への開放性（Openness to Experience）の頭文字を取ったものです。

因子	得点が高い場合の特徴	得点が低い場合の特徴
O　Openness（開放性）	好奇心旺盛、美しいものが好き、想像力が豊か、独創性がある	慎重である、想像よりも事実を優先する、安定性を好む
C　Conscientiousness（誠実性）	自制心がある、整理整頓が得意、責任感が強い、まじめである	ルーズである、おっちょこちょい、整理整頓が苦手
E　Extraversion（外向性）	人と一緒にいることを好む、社交的、活発、おしゃべり、陽気	内向的で一人でいるのを好む、控えめである、冗談をあまり言わない
A　Agreeableness（協調性）	親しみやすい、思いやりがある、人のために尽くす、対立を避けようとする	分析的、依存心が少ない、警戒心が強い、人のためにあまり時間を使わない
N　Neuroticism（神経症傾向）	繊細で神経質である、心配性である、ストレスへの耐性が弱い	穏やかで安心感がある、自信がある、ストレスへの耐性が強い

表2-2　ビッグ・ファイブの性格特性

正直さ─謙虚さというのは、他者と関わる際に公正で誠実である傾向を示します[75]。正直さ─謙虚さが高い人は、他者を利用せず、他の人の利益を最優先する傾向にあります。逆に、正直さ─謙虚さが低い人は、利己的で非倫理的な行為を行ったり、搾取したり、詐欺を働いたりして他者を操作したり利用したりする傾向にあります。また、自分自身が快適にかつ贅沢に暮らせるかに最も関心があり、それに対して優越感を持つ傾向にあるとされます。

†いじめとパワハラ加害者の性格傾向

子どもを対象にした研究において、正直さ─謙虚さが低かったり、協調性（思

いやり）が低かったり、外向性が高い子どもは、いじめ行為を行いやすいことが報告されています。(76-78)

いじめの加害者となる子どもは、外向的で、人と一緒にいることを好み、社交的で、活発であり、おしゃべりで陽気なのですが、本当の意味で人（正確に言うと、相手の幸せや欲求）に関心がなく、自分が楽しいかどうか、あるいは自分の欲求が満たされるかどうかという自己利益を優先させるため、他者を平気でいたぶる傾向にあります。

しかし、この内面的な冷酷さは、生活を共にして他者に対する行動パターンを注意深く観察していないと、意外とわからないものです。そのため、周囲の人間、例えば、加害者の親や学校の先生は、こういった子のことを「外向的で明るくて陽気な子ども」と認識する傾向にあります。外向的で物怖じしないので、学級委員や生徒会長等のリーダー的ポジションについている場合もあります。

そのため、被害者側から「いじめを受けている」という相談があったとしても、「いつも友だちに囲まれていて明るくて良い子が、いじめをするなんて信じられない」と思ってしまいます。その結果、被害者の訴えよりも、加害者側の「遊びのつもりだった」という言い分を信じてしまう傾向にあるのです。

大人においても、職場でパワハラする人の性格傾向として同様のことがわかっています。例えば、スウェーデンの研究者らが二〇一九年に発表した論文では、技術職、調理師、警備員等の様々な仕事に従事する一七二名の労働者を対象に性格検査を行い、同時に職場でどの程度パワハラ行為を行っていたのかを調査したところ、低い協調性、低い正直さ―謙虚さ、そして高い外向性と、パワハラ行為との間に有意な関連が見られたことを報告しています[79]。ノルウェーで二四二名を対象に行われた研究でも、パワハラ行為者は、パワハラを行っても受けてもいない者と比べて、協調性と誠実性が低かったことがわかっています[80]。そして、パワハラ行為者は被害者と比べると高い外向性を持っていました。

これは、子どもを対象にした研究結果と、驚くほど一致する結果です。パワハラ行為者もまた、外向的で一見人当たりが良さそうでも、本当の意味で人（相手の幸せや欲求）に関心がなく、自分の欲求を満たすという自己利益を優先させる、つまり利己的で他者を利用する傾向があると言えます。

他者に対する思いやりが著しく低く、他者を尊重する認識が欠落している人は、上司や先輩という立場になった時に、パワハラ行為を行いやすい可能性があります。

例えば、高い外向性、低い協調性、低い正直さ―謙虚さを持つ人が上司になったとします。上層部からノルマが課された際、その人はどのような行動に出るかというと、「上司として部署のノルマを達成させる」という自分の欲求を満たすことを最優先に考えるので、部下に対して平気で「死ぬ気で達成しろよ、お前ら！」「ノルマが達成できていない分際で、休めると思ってんじゃねえよ！」と脅したりする可能性が高いのです。

しかし、学校のいじめと同じで、ある特定の人（部下）に対してはひどいことをしていても、本人は外向性が高く社交的なので、上層部から評価されやすい傾向にあります。

そのため、被害者から「パワハラを受けている」と訴えがあっても、上層部の人間は「指導が少し行き過ぎているだけではないか？」「ノルマが達成できない被害者側に問題があるのではないか？」と思ってしまいます。その結果、どちらかと言うと内向的[81]ないじめ被害者の訴えよりも、パワハラ行為者側の「指導のつもりだった」「鼓舞するつもりだった」という言い分を信じてしまう傾向にあるのです。

しかし、これではパワハラは防止できません。性格は生まれ持った部分が大きく、年齢を重ねるにつれ成熟し変化していくものの、直ちに変化させることは難しいものです。そのため、「部下に配慮して下さい」「思いやりを持って接して下さい」と言っても、元々持っていない部分の特性を突然何らかの方法で獲得することはできません。周囲がすべきことは、人としてやってはいけない行為（いじめ、パワハラ、暴力等）があった時にはすばやく介入し、「それは人としてやってはいけないことなのだ」と教えていくことしかありません。

その役目を担うのは、上司や組織のトップです。学校現場であれば、教員や校長先生がその役目を担う必要があるでしょう。こういった問題に対応する人間には、いじめやパワハラ行為者の社交性や人当たりの良さに騙されない、毅然とした態度が必要とされます。

†邪悪な性格特性：ダークトライアド

様々な性格の中でも、特に周囲に悪影響を及ぼす邪悪な特性として、ダークトライアドがあります（図2-3）[67]。ダークトライアドとは、マキャベリアニズム（マキャベリ主義）、サイコパシー（精神病質）、ナルシシズム（自己愛性傾向）の三つの特性から構成されるものです（表2-3）。

ダークトライアドは、先に紹介したパワハラ行為者の性格特性である、低い協調性や低い正直さ―謙虚さのさらに上位変換モデル（周囲への影響力が強いモデル）であると考えてもいいかもしれません。実際、ダークトライアドは、ビッグ・ファイブやヘキサコモデルの各因子とそれぞれ関連していることが報告されています[82]。

例えば、ダークトライアドの三つの特性いずれも、ヘキサコモデルの低い正直さ―謙虚さと強い関連がありますし、マキャベリアニズムとナルシシズムは低い協調性と中程度の関連があります。また、ナルシシズムは高い外向性と関連していたことが報告されています。

ダークトライアドは二〇〇二年に提唱された比較的新しい概念で、これまで社会心理学や臨

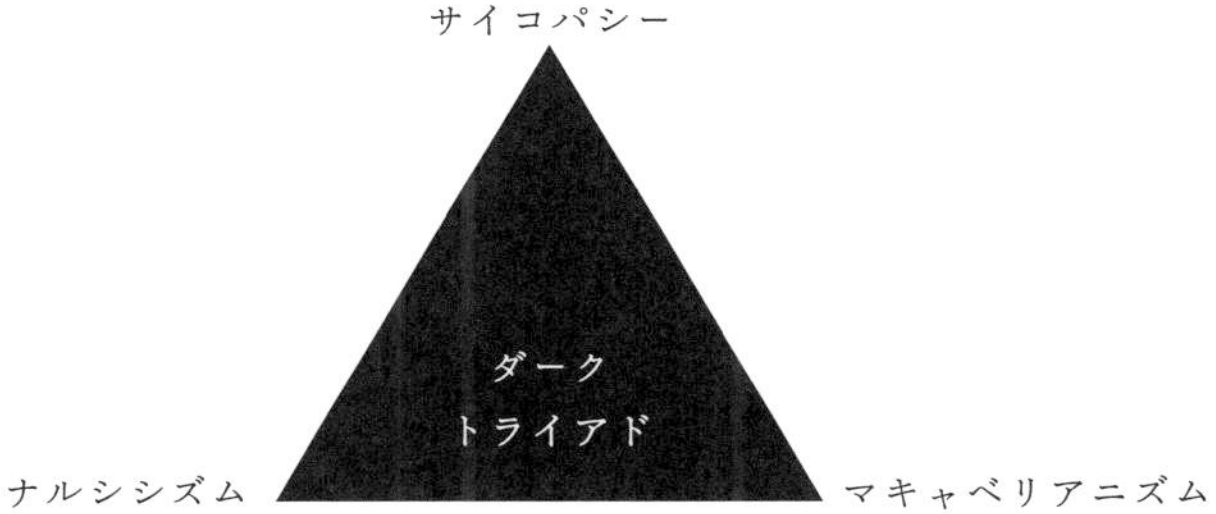

図 2-3　邪悪な性格特性：ダークトライアド

床心理学の分野で注目されてきました。[67,83] ただ、それまでも、各特性に関する研究は多く行われてきました。例えば、サイコパシーは反社会的行動や犯罪行為と関連があることが、古くから報告されています。

マキャベリアニズム、サイコパシー、ナルシシズム、いずれも理論的なルーツは異なる性格特性ですが、他者への感情移入の欠如や他者を平気で利用することに代表される、「冷淡さ」や「罪悪感のなさ」、「自己中心性」を共通して持っていることが特徴です。

実際、マキャベリアニズムであることと、サイコパシーであることとナルシシズムであること、サイコパシーであることとナルシシズムであることは、いずれも相関関係にあります。[66] つまり、マキャベリアニズムの性質を持っている人はサイコパシーの性質を持っている可能性が高く、サイコパシーの性質を持っている人はナルシシズムの性質を持っている可能性が高いというように、互いに関連していることを意味します。

	特性	特徴
1	マキャベリアニズム（マキャベリ主義）	ルネサンス期の政治思想家ニッコロ・マキャヴェッリ及び彼の著書『君主論』の内容に由来する、君主は恐れられることが必要であり、どんな手段や非道徳的な行為も、結果として国家の利益を増進させるのであれば許されるという考え方。転じて、目的のためには手段を選ばないやり方を指す。
2	サイコパシー（精神病質）	良心が異常に欠如している、他者に冷淡で共感しない、慢性的に平然と嘘をつく、行動に対する責任が全く取れない、罪悪感が皆無、自尊心が過大で自己中心的、口が達者で表面は魅力的。
3	ナルシシズム（自己愛性傾向）	「自分は特別で重要な存在である」と誇大な感覚を持つ。常に自分の能力を過大評価し、しばしば自慢げに見栄を張っているように見える。自分は褒められて当然であると思い込んでおり、賛美が得られない時は驚く。自分の成功や権力、美しさ、理想的な愛などについての空想にふけっている。対人関係で相手を不当に利用することも多く、共感が欠如している。

表 2-3　ダークトライアド（邪悪な三つ組の性格特性）の特徴

ダークトライアドは、いずれも性格特性ですが、起因性には少し差があると言われています。それは、サイコパシーとナルシシズムは生まれ持ったものである可能性が高いのに対し、マキャベリアニズムに関しては環境による影響も大きいというものです。[83]

ダークトライアドに特徴的な行動は、少年期（一一～一七歳）から顕著にみられることも報告されています。[84] 三つの性格特性すべてにおいて、実質的に遺伝的要素が強いことを報告している研究もあります。[85,86] そのため、ダークトライアドの特性を持つ人に対して行動変容を促すのは、残念ながら容易ではないと言えるでしょう。

†組織に「邪悪な性格特性」を持った人がいるとどうなるのか

邪悪な性格特性を持つ人は、職場において非生産的な行動を行いやすいことがわかっています。例えば、物を盗んだり、誰かを騙したり、同僚の悪口を言ったりといった行為がありますが、その中でも代表格がいじめやパワハラです。

ダークトライアドの中でも特にサイコパシーは、いじめの加害行為と関係していることが複数の研究で報告されています。[87] 他にも、サイコパスは他者を身体的に暴行しやすく、性的あるいは社会的に逸脱した妄想を実行に移す傾向にあることも報告されています。[88] 一方で、マキャベリ主義者やナルシストは、表立ってはそういった暴力行為を行わず、より慎重に、より注意深く人を操作していく傾向にあるとされます[89]。

いずれにしても、他者への共感性や、他者に迷惑をかけたり傷つけたりすることへの罪悪感が著しく欠如しているため、対人関係で問題を起こしやすいことが共通して報告されています[68]。短期的には人間関係を築くことができても、中長期的に人間関係を築くのが困難であるのが特徴です。

スウェーデンでパワハラ行為者の性格特性を調査した研究[79]によると、パワハラ行為を行っていることとダークトライアドとの間には、強い関連が見られています。パワハラ行為と高いマキャベリアニズム、高いサイコパシー、高いナルシシズムすべてとの間に中等度以上の関連が見られ、特に前者二つでパワハラ行為の四〇％が説明できたと報告しています。

また、邪悪な性格特性を持った人が上司になると、パワハラがあってもなくても、部下に悪影響が出ることがわかっています。実際に、上司がサイコパスだと従業員の仕事満足度が下がること、従業員がメンタルヘルス不調になりやすくなることが報告されています[90]。

一方、組織のトップがナルシストであることは、違った結果をもたらすようです。一九九二年から二〇〇四年のコンピュータ・ハードウェアおよびソフトウェア業界の一一一名の最高経営責任者（Chief Executive Officer：CEO）を対象にした研究によると、CEOのナルシシズムと組織の大胆な戦略や壮大さ、買収件数とが正の関連を持っていたことがわかっています[91]。

ナルシストのCEOは注目される大胆な行動を好む傾向があり、その結果組織の業績も、大きく勝利するか、大きく損失するかのどちらかであったとされています。そのため、企業の業績としては、ナルシストではないCEOの企業と比べて、一般的に良くも悪くもなかったと結論付けられています。

そのため、組織のトップがナルシストであること自体は、良い結果をもたらす場合もあるようです（ただし、大きな損失をもたらす場合もあるため、「組織にとって常に良い」状態ではありません）。一方で、他の二つの性格特性、マキャベリアニズムとサイコパシーに関しては、その冷酷で他者の犠牲を厭わない姿勢から、従業員を苦しめる可能性が極めて高いと言えます。

†管理職登用の際に、邪悪な性格特性を持つかどうかをスクリーニングする

邪悪な性格特性を持つ人はパワハラ行為者になる危険性も高いため、管理職に登用する時には特に注意が必要です。ダークトライアドとパワハラとの関連を調査した研究では、管理職への登用の際、性格特性を確認することをすすめています[79]。

私個人的には、詳細な性格検査までは実施する必要はないのではないかと考えています。というのも、会社側にとっても負担ですし、自記式の質問票で調査した場合、勘の良い人であればそれが昇進に影響することをすぐに認識するので、正確に回答するとは思えないからです。

特にマキャベリアニズムやサイコパシー傾向の強い人にとっては、目的のために嘘をつくことはたやすいものであることを認識しておく必要があります。そのため、少なくとも下記の三点を、その人と直接一緒に仕事をしたことのある同僚や後輩、部下からのヒアリングによって確認するのがいいと考えています。

1　目的のためには手段を選ばない傾向があるか（マキャベリアニズム）
2　他者への共感力や良心が異常に欠如していないか（サイコパシー）
3　これまでに人をタダ働きさせたり、人の手柄を横取りしたりするなど、他者を不当に利用したことはなかったか（ナルシシズム）

なぜこういった人たちからヒアリングする必要があるかと言うと、ダークトライアドに該当する性格特性を持つ人は、相手によって見せる顔が大きく異なることがあるからです。自分より同等もしくは格下の者にどう対応するかに、その人の本性が現れます。

例えば、経歴が華やかで、上層部から評価されており、見た目も良く、優しそう・頼りになりそう等、第一印象が非常に良い人であっても、過去に一緒に仕事をした同僚や後輩から話を聞くと、「二度と一緒に仕事をしたくない」「顔も見たくない」という全く別の評価が出てくることがあります。

その際によく出てくるのが、「タダ働きさせられた」「人にやらせたものを、あたかも自分がやったかのように上長に報告していた」というエピソードです。これだけでも、「自分のために他者が何かをやるのは当たり前」というナルシシズムを持っている可能性が高いと判断することができます。

「他者への共感力や良心が異常に欠如していないか」に関しても、実はこの「他者の功績を自分のものにする」傾向でもある程度把握できるのですが、他にも、例えば誰かを平気でいじめていたかどうかのエピソードがないかを確認するのがいいでしょう。

†なぜ社会は、「邪悪な性格特性を持つ人」を評価してしまうのか

実は、これほど周囲に悪影響を及ぼす「邪悪な性格特性」を持ちながら、社会的に「成功」する人も少なくありません。例えば、ナルシシズムの高い人ほど多くの給料を得ていること、マキャベリアニズムの高い人は、低い人よりも指導的な地位に就いている割合が高いことが明らかになっています。[92] また、企業のCEO、弁護士、外科医は、他の職種と比べてサイコパシー得点が高い傾向にあったことも報告されています。

マキャベリアニズムの高い人、ナルシシズムの高い人、サイコパシーの高い人は、自分を良く見せることにも長けています。実際、パワハラ行為者のダークトライアドについて報告した論文でも、「人事部門は、特にマキャベリ主義が高く、正直さ—謙虚さが低いような従業員が、

良い評判を守るために、長期的に戦略を立て、連携することが可能であることを知っておくことが必要である」と警告しています。[79]

彼らは目標達成（特に、金銭、権力、競争）のためには、誰かを手助けしたり、巧みに操作したりすることができるからです。何人も部下を潰しているパワハラ上司が、なぜか上層部の人間から気に入られていることがあるのも、これが理由です。こういった人は、上から見ると、業績も実績も申し分なく、人としても魅力的なように見えてしまうのです。

また、マキャベリアニズムの高い人、ナルシシズムの高い人、サイコパシーの高い人は、自分自身に対する評価も高いため、「自信を持っているように見える」ことも、高い評価を受ける理由の一つです。というのも、人はリーダーを選ぶ時、「自信がなさそうに見える人」よりも、「自信がありそうな人」を選ぶ傾向にあるためです。[93]

例えば、国会議員選挙の時にどのような候補者に投票するでしょうか。「私には議員は務まりません」「私の弱点は○○です」などとネガティブなことを語る候補者より、「私に任せてください」「私は○○ができます」と自信を持って語ってくれる人に、投票するのではないかと思います。

さらに、日本の研究では、国内情勢が悪化したり、治安が悪化したりするほど、人々は邪悪な性格特性を持つ人に魅力を感じやすいことが明らかになっています。[94]「○○さんは他人を操ってでも、自分の思い通りにすることがあります」と説明を受けても、自分が治安の悪い地域に住んでいると思った人は、その人に自分の地域の代表になってもらいたいと判断する傾向にあったのです。多少の非倫理性に目をつぶっても、その人の「実行力」に期待するのです。国や組織が混とん状態になった時は、邪悪な性格特性を持つ人が活躍する機会が増える可能性があると言えます。

ダークトライアドの中の一つ以上の性格特性を持っていたとしても、他者を魅了する他の要素（知性や外見の魅力さ）を持ち合わせていた場合、組織の中でリーダー的ポジションを獲得しやすいことが報告されています。[83] こういった「他に魅力的な面」を持つ人は、他者と信頼関係が築けなくても評価されてしまうためです。

部下を潰したり、他者を蹴落としたりしてでも目的を達成する人を評価している組織は、知らず知らずのうちに、こういった「邪悪な性格特性」を持つ人が活躍する機会を与えてしまっていることになります。

組織に必要なのは、人を傷つけたり潰したりすることに全く痛みを感じない邪悪な性格特性を持つ人に対して、決してパワーを与えない、そのような人を決して昇進させないという、強い意志です。

そのためには、組織のトップや人事は、その業績や実績が、他者を不当に利用したものでないか、他者を潰した上で達成したものではないか、きちんと評価しなければなりません。邪悪な性格特性を持つ人をコントロールし制限させるために、組織のトップが強いリーダーシップを発揮することが求められます。

†ダークトライアドとパーソナリティ障害

邪悪な三つの性格特性の中でも、サイコパシーとナルシシズムは、精神医学ではパーソナリティ障害に分類されます。サイコパシーが反社会性パーソナリティ障害、ナルシシズムが自己愛性パーソナリティ障害に該当します。

パーソナリティは人格という意味で、その特性を持っていること自体は直ちに障害とはなりません。ただ、特異な人格を持っていることによって、日常生活に支障が出ると、精神疾患の一部であるパーソナリティ障害として診断されます。

現在、精神疾患の診断には、操作的診断方法（客観的な診断基準を設け、その基準に症状を当てはめることで診断する方法）が用いられています。現在、世界保健機関（WHO）が作成している国際疾病分類ICD-10もしくは、米国の精神医学会が刊行している精神疾患の診断・統計マニュアルDSM-5[95]が日本でも広く用いられています。

ICD-10は統計調査でよく用いられていますが、臨床現場ではDSM-5の方が広く用いられているため、ここでもDSM-5の分類を紹介します（表2-4）。

パーソナリティ障害を持つ人は、平均とは離れた性格傾向を有しながらも、普段は普通に生活し、社会に適応できています。ただし、何らかの葛藤場面に接すると、独特な対処法を取ろうとするために、周囲との軋轢が生じて問題となることが特徴です。

ダークトライアドの特性のうちの二つ、反社会性パーソナリティ障害と自己愛性パーソナリティ障害は、両方ともB群（演技的で、情緒的で、移り気）に分類されています。A群（奇妙で風変わり）やC群（不安又は恐怖を感じている）と比べると、一見して変わっているように感じさせることもなく、不安や恐怖で怯えているようにも見えないという特徴があります。

また、B群の中でも、境界性パーソナリティ障害や演技性パーソナリティ障害が、泣いたりかんしゃくを起こしたりと言った情動面での不安定な様子を見せやすいのに対し、反社会性パーソナリティ障害や自己愛性パーソナリティ障害は、しばしば正常に見えること、あるいは魅力的で愛想の良い外見を示すことが指摘されています(96)。

そのため、反社会性パーソナリティ障害や自己愛性パーソナリティ障害に該当する人であっても、初対面ではほとんどわからないでしょう。一緒に仕事をしたり、生活をしてみたりして初めて、「あれ？」という違和感を覚えます。そして多くの人が、巻き込まれるか（利用されるか）、あるいは距離を置くか、のどちらかの道をたどることになります。

C群：不安又は心配に見えげる	回避性パーソナリティ障害	批判、非難、拒絶に対する恐怖のために、重要な対人接触のある活動を避ける。好かれていることや非難せずに受け入れられることが確認できない限り、新しい友人を作ろうとしない
	依存性パーソナリティ障害	面倒をみてもらいたいという広範で過剰な欲求があり、そのために従属的でしがみつく行動を取り、分離に対する不安を感じる
	強迫性パーソナリティ障害	秩序、完璧主義、規則にとらわれ、柔軟性や効率性、開放性が犠牲にされる。手順や形式に極端にとらわれて仕事を終わらせることができなかったり、完璧にとらわれて掃除をいつまでも行い、約束の時間に遅れたりする

パーソナリティ障害に関する特徴を知っておけば、相手を変えることは難しいとしても、少なくとも自分自身を、不当に利用されたり傷つけられたりすることから守ることができます。ここでは、反社会性パーソナリティ障害及び自己愛性パーソナリティ障害それぞれに関して、DSM-5の診断基準[95]を紹介します。

ただ、この基準にあてはまると自分で思っても、実際に診断を下すかどうかは精神科医の判断になりますので、自己診断には用いないようご留意ください。あくまでも、それぞれのパーソナリティの特徴を捉えるためとご理解ください。

†反社会性パーソナリティ障害

反社会性パーソナリティ障害を持つ人は、自分や他者がどうなるかを考えることなく、また良心の呵責や罪悪感を持つことなく、自分の望むことを追い求める

群	各パーソナリティ障害	特徴
A群：奇妙で風変わりに見える	妄想性パーソナリティ障害	他者の動機を悪意のあるものと解釈する、他者に対する根拠のない不信および疑い深さを持つ
	シゾイドパーソナリティ障害	他者に対する全般的な無関心、対人関係における感情の幅が狭い
	統合失調型パーソナリティ障害	親密な関係に対して強い居心地の悪さを覚える。親密な関係を築く能力が低く、思考や知覚が歪んでいたり、風変わりな行動を取ったりする
B群：演技的で、情緒的で移り気に見える	反社会性パーソナリティ障害	社会の規範を破り、他人を欺いたり権利を侵害したりすることに罪悪感を持たない
	境界性パーソナリティ障害	現実または妄想で、人に見捨てられることを強く恐れ、不安を抱く
	演技性パーソナリティ障害	広い範囲の対人関係において、過度に注意を引こうとする。話題の中心にいないと気が済まず、知人を実際以上に親密だと思いがちで、公衆の面前で過剰な情動表現を行う
	自己愛性パーソナリティ障害	自分が重要であるという誇大な感覚を持つ。自分の能力を過大評価し、業績を誇張し、他者からの賛美と有利な待遇を期待する。他者を無意識に搾取する

表2-4　パーソナリティ障害分類（DSM-5）

ことが特徴です。

DSM-5では、他者の権利を無視し侵害する七つの行為のうち、三つ以上に当てはまると、反社会性パーソナリティ障害であると診断されます（厳密には他にも、一八歳以上であること、一五歳以前にいくつかの症状が出現していなければならない等の条件があります）。

一般の職場では診断レベルに該当する人は少ないと思いますが、繰り返し嘘をつく、平気で他者を傷つける、攻撃的である等の行為は、職場でも見られるかもしれません。

1 逮捕の対象となる行為を繰り返し行う。
2 繰り返し嘘をついたり、偽名を使ったり、個人的利益や快楽のために人をだましたりする。
3 衝動的に行動し、前もって計画を立てない。
4 繰り返し喧嘩を始めたり、暴力を繰り返したりするなど、怒りやすかったり、攻撃的であったりする。
5 自分や他者の安全を考えない、無謀さを持つ。
6 別の仕事のあてもなく仕事を辞めたり、支払いをしなかったりするなど、一貫して無責任な行動をとる。
7 他者を傷つけたり虐待したりすることに対し無頓着であったり、そのような行為を正当化したりするなど、良心や後悔の念が欠如している。

反社会性パーソナリティ障害は、男性に多いことがわかっています[95]。米国における一二カ月間の推定有病率は、〇・二〜三・三%です。一見少ないように見えますが、アルコール使用障害や薬物乱用者が通うクリニック、あるいは刑務所では、反社会性パーソナリティ障害に該当する人の割合はさらに高くなります。これは、サイコパシーが犯罪行為と強い相関があることと関連しています。

一つだけ、明るいデータがあります。それは、反社会性パーソナリティ障害は、四〇歳までに症状が軽くなったり寛解（見かけ上、消滅して正常な機能にもどった状態になること）したりするというものです。

時間の経過と共に不適切な行動を変えることを学んでいきますので、若年者においては、反社会性パーソナリティ障害に該当する場合でも、問題行動がやがてやむ可能性があります。

†自己愛性パーソナリティ障害

自己愛性パーソナリティ障害は、自分が誇大であるという感覚を持ち、他者から賛美されたいという欲求を持ち、共感が欠如していることが特徴です。DSM-5では、下記の九つのうち、五つ以上当てはまると自己愛性パーソナリティ障害であると診断されます。

1　自分の重要性や才能について、誇大な、根拠のない感覚（誇大性）を抱いている。十分な業績がないにも関わらず、自分が優れていると認められることを期待する。

2　途方もない業績、影響力、権力、知能、美しさ、または理想的な愛という空想にとらわれている。

3　自分が特別かつ独特であり、他の特別な・優れた人々だけが自分を理解し、関係性を築けるのだと信じている。
4　無条件に賞賛されたいという欲求をもっている。
5　特権意識をもち、特別な対応を求める。自分が期待すれば相手が自動的に従うことを理由もなく期待する。
6　目標を達成するために、他者を利用する。
7　共感性に欠けている（他者の気持ち及び欲求を認識しようとしない）。
8　しばしば他者を嫉妬する、また他者が自分を嫉妬していると思い込む。
9　尊大で、傲慢かつ横柄である。

自己愛性パーソナリティ障害も、比較的男性に多いことが報告されています。診断された人のうち、五〇〜七五％が男性です。また、一般の人の最大六％にみられると推定されています。(95)つまり、約一七人に一人はいる計算です。意外と、身近にいる可能性が高いと言えます。

自己愛性パーソナリティ障害は、自分が重要である、そして素晴らしい人物であるという誇大的な感覚が特徴です。そのため、もし情けない現実の自分を実感すると、理想的な自分との乖離に耐えられなくなり、不適応を起こします。

また、自分より優れている他者を認めることができません。そのため、自己を正当化するために「本当は自分はこんな姿ではないが、被害を受けたため（例えば、○○さんのせいで）能力が発揮できないのだ」というような解釈をし、自尊心を防衛しようとします。

自尊心のために人を利用することを普通にします。本当の意味で他者に共感したり、思いやりを持ったり、感謝したりする能力に乏しく、他者との現実的な信頼関係を持てないことも特徴です。そのため、周囲の人は、怒りを覚えたり無力感に苛まれることになります。

他者に対しては関心がない一方、自分自身の業績やキャリアには深い関心を持ち、理想的な自分を獲得するために努力を重ね、実際に成功をおさめている人も少なくありません。ナルシシズムの高い人ほど多くの給料を得ていることは、既に紹介した通りです。(92)

自己愛性傾向の強い人は、仕事上密に関わったことのある人からはあまり評判がよくないのに対し（不当に利用された経験を多くの人が感じるため）、身近でない人（組織の上層部や他業界の人）、あるいは短い時間しか関わらない人（患者や講演の聴衆など）からは評判がよかったり、称賛されることがあります。

身近でない人からの評価が高いのは、セルフブランディングがうまいことも影響しているかもしれません。例えば、自己紹介文を書かせると、いかに自分がすごいのかを、過剰に書き綴る傾向にあります。謙遜の文化がある日本人は、そういった文章を読んで「ここまで堂々と書くとは、本当にすごい人に違いない」と判断してしまうのです。

また、謙遜しないので、業界の中の有力者にも好かれる傾向にあります。有力者は、周囲に過剰に気を遣われるのに疲れていることが多いので、堂々と自信に満ち溢れて、忖度なしに物事を語る人を歓迎する傾向にあるからです。そして、「業界内の有力者にも好かれる自分」を手に入れた自己愛性傾向の強い人は、ますます自己に陶酔していくことになります。

そのため、人によって評価が大きく異なる人は、要注意と言えるかもしれません。繰り返しになりますが、一番近くで、そして長い時間一緒に過ごした同僚や後輩から丁寧にヒアリングをすることが、その人の本来の姿を把握する上で重要です。

5　パワハラ行為者の個人特性に着目したパワハラ対策

第2章では、パワハラ行為者の職位として「上司」が圧倒的に多いこと、男性が多いこと、性格特性に特徴がみられることを紹介し、なぜ上司はパワハラをしてしまうのか、なぜパワハラ行為者に男性が多いのか、どのような性格特性とパワハラが関連しているのかについて解説しました。

社会的地位が高くなると人は横柄になる、あるいは邪悪な性格特性を持つ人がパワハラ行為者になりやすいとなると、パワハラを防ぐことは不可能なのではないか、と思われるかもしれません。しかし、その答えは「いいえ」です。防ぐことは、十分に可能です。

①パワハラ行為者に「自ら気付いてもらう」という幻想を捨てる

これまでに相談者から一番多くされた質問は、「どうしたらパワハラをしている本人に気付いてもらえるか」です。多くの人は「パワハラをしている本人に、自分で気付いて行動を改善してもらいたい」と考えています。

しかしそれは、ある意味で幻想でしかありません。特に、ダークトライアドのような邪悪な性格傾向を持ち、人の痛みを理解するのが難しい人に対して、「人の痛みに気付いて下さい」と言ったところで、何も効果はありません。

「行為者は、自分の言動が相手にどのようなダメージを与えているのか認識できていないからこそ、パワハラをしている」ことを前提として対応すべきです。「自分で気付いてもらう」という方法は真っ先に外すべき選択肢だと言えます。

②文書で注意を行う

ではどうすればいいのかと言うと、周囲が何らかの形で「それはパワハラである」「それは許されない行為である」と明確に指摘するしかありません。最も正式かつインパクトがあるのは懲戒処分ですが、いきなり行ってしまうと、行為者側から不当な取扱いだとして訴えられるリスクもあります。そのため、まずは文書で注意指導を行うことをおすすめします。

なぜ文書かと言うと、口頭だとインパクトが弱く、注意されたことをすぐ忘れてしまうからです。また、文書には「次に○○のような言動を行った場合は、懲戒処分に進む可能性がある」と記載することを強くおすすめします。

これを行っておくと、三つの利点があります。一つ目の利点は、この文書自体がパワハラの抑止力になることです。誰でも懲戒処分を受けるのは避けたいので、自分の言動に気を付けようとする動機を高めます。ダークトライアドの特性を持つ人でも、「パワハラをすると自分が損する」ことが明確に理解できれば、損失回避の視点で行動を変えることができるのです。二つ目は、行動改善のチャンスを与えることで、「自分は期待されている」「会社から必要とされている」と思ってもらいやすく、行動変容にポジティブな動機付けが行える点です。三つ目は、その後実際に懲戒処分を行うことになっても、行為者は心の準備ができている状態ですので、事態を受け止めやすくなり、不当な処分であると訴えられるリスクを減らすことができます。

文書で注意するに至らないレベルの言動の場合は、上長から口頭で注意指導をするのがいいでしょう。あるいは、周囲で気付いた人がとにかく声に出して指摘することが有効です。経験上、一人から何か指摘されても多くの人は気に留めないものですが、三人以上から同じことを指摘されると、さすがに「もしかして、自分の言動は問題なのか？」などと問題意識を持ち始めるようになります。

パワハラ行為の内容にもよりますが、（軽いものであれば）上長からの口頭注意から、職場環境を明らかに害しているものであれば文書注意からスタートして、行為がやまないようであれば迅速に懲戒処分を行う、という順番で進めていくのが、最もトラブルの少ない方法です。

③管理職への登用の際、性格傾向にパワハラ気質がないか確認する

既に説明した通り、管理職への登用前に少なくとも下記の三点を、その人と一緒に仕事をしたことのある周囲の人（同僚や部下）からのヒアリングによって確認するのがいいでしょう。

1　目的のためには手段を選ばない傾向があるか（マキャベリアニズム）
2　他者への共感力や良心が異常に欠如していないか（サイコパシー）
3　これまでに人をタダ働きさせたり、人の手柄を横取りしたりするなど、他者を不当に利

用したことはなかったか（ナルシシズム）

確認の方法は、それほど難しくありません。その人と一緒に仕事をしたことのある周囲の人（同僚や部下）数名に、「〇〇さんは、目的のためには手段を選ばない傾向がありそうですか？」「〇〇さんに関して、他者への配慮や共感力、良心が欠如していると感じたことはありますか？」「〇〇さんは、これまでに人をタダ働きさせたり、人の手柄を横取りしたりするなど、他者を不当に利用したことはありませんか？」と質問するだけです。

数名に聞いて、いずれも「ない」「思い当たらない」という回答が得られれば、その管理職候補者は、明らかなダークトライアドには該当しないとまずは判断できます。一つでも「ある」という回答があれば、具体的なエピソードを聞いて、組織として許容できる範囲のものなのかを確認するといいでしょう。

過去に、嗜虐的に人をいじめたことがあったり、他者の時間や資源を搾取したことがあったりする場合は、要注意です。輝かしい実績や業績があったとしても、人を潰すことに痛みを感じない人に、決して部下を持たせてはいけません。

第3章

パワハラを引き起こす上司の三大リーダーシップ形態

パワハラを引き起こす上司のタイプを明らかにするために、リーダーシップに着目した研究が多く行われています。パワハラに至るような行為は破壊的リーダーシップ（destructive leadership）と呼ばれていますが、その中でも代表的なものが「脱線型」や「専制型」と呼ばれるタイプです。これがまさしく、多くの人が思い浮かべるパワハラ上司ではないかと思います。

脱線型上司は、特に新しい環境や仕事、役職についた時に、管理職が進むべき道から〝脱線〟してしまう上司のことを言います。それまでは適切なリーダーシップを発揮できていたのに、変化に適応できなかった、自らをアップデートできなかった結果、意図せずにパワハラ上司になってしまった人です。部下をうまくマネジメントできないと組織の目標達成に貢献することができないため、組織にも部下にも損害を与えます。

専制型上司は、〝独裁者〟や〝専制君主〟のように、部下を支配下に置き、すべて自分の言う通りにさせるタイプのことです。組織の中では非常に目立つ存在で、目標達成（ノルマや売り上げ）に貢献していることが多いため、一定の評価を得ており、問題にしにくいという特徴があります。

また、こういったいかにも〝破壊的〟な上司の他に、正反対の「放任型」もまた、パワハラの発生につながることがわかっています。放任型は、管理職にはいるけれども何もしない、つまり管理職としての責務（方針を示す、決断する、部下を指導する等）をきちんと履行しないタイプのことです。例えば、私たちが日本で地方公務員約一〇〇〇名を半年間追跡した調査では、上司が放任型だった場合、パワハラが発生するリスクが高くなることが明らかになっています。[97]

このように、パワハラ上司は、「脱線型」「専制型」「放任型」の三つのタイプに分けることができ、実際にこれらがパワハラの発生と強く関連していたことが報告されています。[98] この章では、それぞれのリーダーシップ形態、そしてなぜそれがパワハラを引き起こすのかについて解説します。

1 破壊的リーダーシップ

†破壊的・建設的リーダーシップモデル

リーダーシップ研究の多くは、部下や組織にとって効果的なリーダーシップに焦点を当てているため、組織に対して損害を与えるような研究はそれほど多く行われていませんでした。しかし近年、〝失敗〟したリーダーにも焦点を当てた研究が進んでいます。特に着目されている

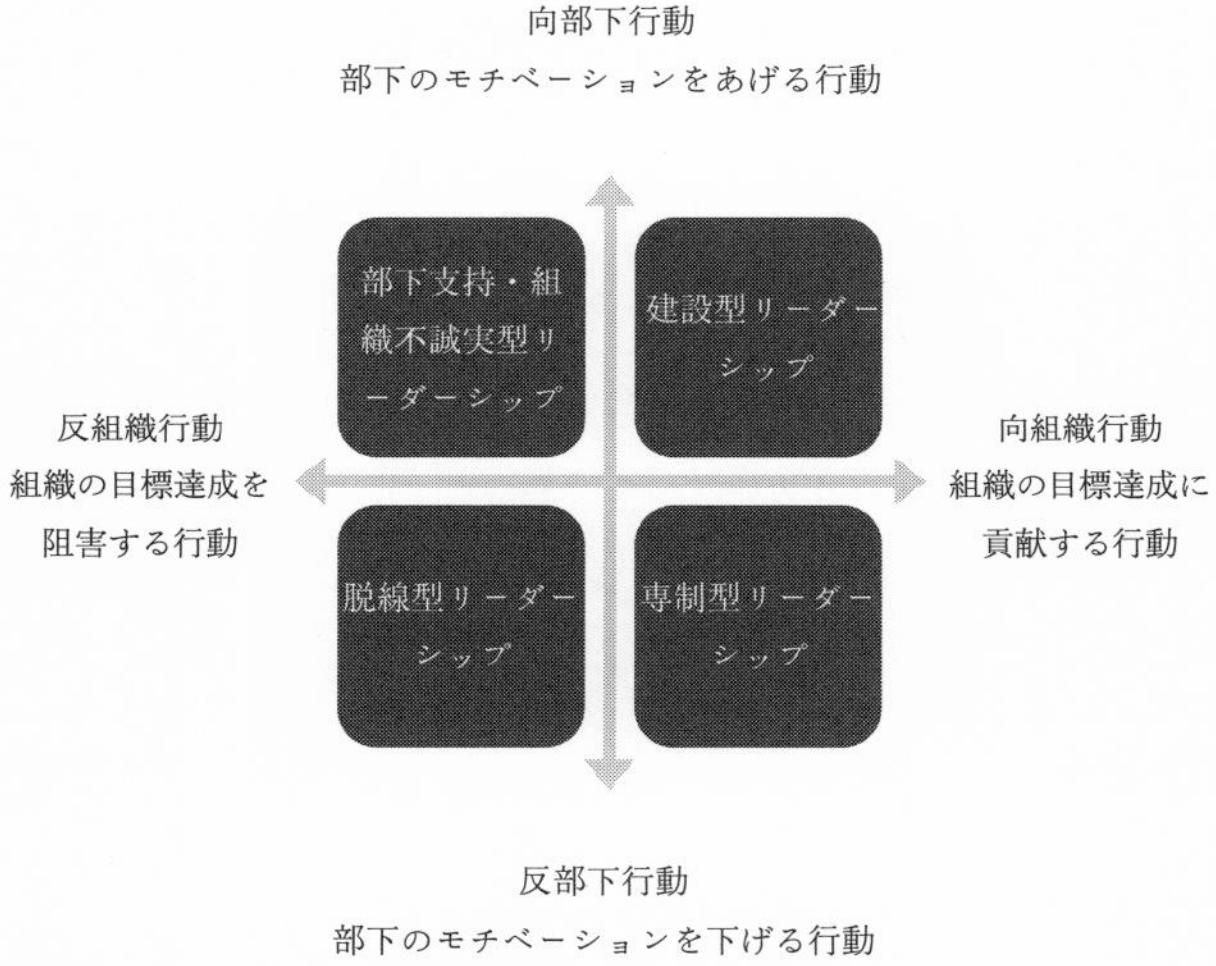

図3-1　破壊的・建設的リーダーシップモデル(101)

のが、〝破壊的〟リーダーシップです。

破壊的リーダーシップとは、「組織や部下に害を与えうる、あるいは与えようとする上司の自発的な行動」を指します(99,100)。職場のいじめ研究の第一人者の一人であるノルウェーのアイナルセンらは、部下に対する行動と組織に対する行動を、それぞれ良い影響を与えるものと悪い影響を与えるものの四通りに分類し、三つの破壊的リーダーシップを提示しています(101)(図3-1)。

反部下行動(anti-subordinate behaviours)はハラスメントに代表される、部下のモチベーションや幸福度や仕事満足度を下げる行動であり、向部下行動(pro-subordinate behaviours)は部下をほめたり、感謝を伝えたり、話を聴いたりすることで部下のモチベーションや幸福度や仕事満足度をあげる行動です。

同じように、反組織行動（anti-organisation behaviours）は、組織の資源や時間を奪ったり、組織の目標達成を阻害したりするような行動のことを指します。一方で向組織行動（pro-organisation behaviours）とは、組織の意思決定を助けたり、明確な目的を設定したり、組織の目標達成に貢献したりするような行動のことを指します。

†組織には損害を与えるが、部下に対しては〝破壊的〟でないリーダーシップ形態もある

〝破壊的〟リーダーシップの一つではあるものの、部下に対しては損害を与えない、むしろ利益を与えるリーダーシップ形態もあります。それが、部下支持・組織不誠実型リーダーシップ（supportive-disloyal leadership）です。その名の通り、部下に対してはサポーティブに関わるものの、組織に対しては不誠実に関わるようなリーダーシップを指します。

例えば、自社の製品や備品を勝手に部下にあげてしまったり、会社のお金を勝手に使って社員旅行に出かけたり部下を飲み会に連れて行ったり、部下に対して仕事をサボるのを推奨したりする行動が該当します。部下にとってはあまり害がない半面、組織にとっては余計なコストが発生するため、組織に対して〝破壊的〟に関わるリーダーシップです。部下支持・組織不誠

実型リーダーシップはパワハラの発生とは関連しませんが、組織にとって歓迎されないリーダーシップ形態であることは間違いありません。

2 脱線型の上司

†脱線型リーダーシップとは

破壊的・建設的リーダーシップモデルの中で脱線型リーダーシップ（derailed leadership）は、部下にも組織にも損害を与えると位置付けられています。つまり、組織にとって〝最も避けるべき〟上司像なのです。

その名の通り、それまでは適切なリーダーシップを発揮していた人であっても、新しいポジションについた途端に、管理職から〝脱線〟してしまうような上司です。(102) 組織の中である程度のポジションまでは昇進できるものの、チームを率いたり、組織の目標達成に貢献したりしない上司が、〝脱線〟したリーダーです。

脱線型上司の存在は、そう珍しいものではありません。例えば、ノルウェーの労働者代表サンプル（その国で働く全労働者の中から、無作為に対象者を抽出する手法によって得られた、労働者の代表性が担保された標本のこと）二五三九名を対象にした調査によると、八・八％の回答者が、上司による脱線型リーダーシップに該当する言動を〝非常によく〟もしくは〝ほとんどいつも〟経験したと回答しています[103]。

ただ、珍しくないからといって、部下や組織に対する損害が軽いわけではありません。電車が脱線した際に深刻な被害が出るように、脱線型リーダーシップは組織の中でパワハラや非倫理的行動を増やすことが報告されています[103]。

それは、脱線型上司は自分の利益のことしか考えておらず、何が部下にとって良いのか、組織にとって良いのかを考えずに行動するため、適切なマネジメントをすることができず、結果的に部下をたくみに操作しようとしたり、部下をいじめたり侮辱したりすることにつながるからです。また、時には不正を行ったり、会社のものを盗んだりすることで直接損害を与えることもあります。新しい技術や文化を導入したい経営層にとっての抵抗勢力となり、組織の変化を阻害することも特徴です。

中には過剰な野心を持つ上司もおり、そういった人は今の仕事よりも昇進することや次の仕事のことばかり考えていたり、上層部の機嫌を取ることに時間と労力を費やしたりするため、部下に対して非常に冷たく接することが報告されています。[101] これも脱線型リーダーシップの一種であり、その脱線の程度に差はあるものの、いずれにせよ傲慢で自分のことしか考えていないので、部下をうまくまとめたり、組織に対して本当の意味で貢献したりできないことが共通点です。

脱線型上司の、変化に抵抗する行動や部下を軽視する行動が、部下の意見を聞かない、部下の提案を聞き入れない、古い仕事のやり方を強制する、というようなパワハラの発生につながることもあります。例えば、上司自身がしている不正行為を部下に強要する、部下を監視するために在宅勤務中に常時ビデオをＯＮにさせる、等です。

なおリーダーシップの研究においては、これらの行動が〝意図的に〟あるいは〝悪意を持って〟行われたかどうかは、基本的に問われません。上司本人に、部下や組織に損害をもたらそうという意図がなくても、結果的にそういった行動が継続して行われているようであれば、破壊的リーダーシップを発揮している状態だと判断されます。

〈脱線型上司の特徴〉

・新しい技術や意見を取り入れることに抵抗を示す
・組織の上層部に気に入られることには時間と手間を惜しまないが、自分の同僚や部下に対し

ては時間と手間をかけない
・部下のことを仕事のパートナーというより、競争相手と見なしている
・自分をよく見せるために、業績の水増しや架空の売上計上等の不正行為を行うことがある
・過去の成功体験に固執している

3　専制型の上司

†専制型リーダーシップとは

専制型リーダーシップ（tyrannical leadership）は、自分のやり方や考え方を押し付けたり、専制君主や暴君のようにすべて自分の思い通りにさせたりする行動のことです。典型的なパワハラ上司のリーダーシップ形態であり、上司がポジション・パワーを用いている状態です。

ポジション・パワーというのは、正当権力（職位等の社会的地位）、強制力（制裁や懲罰）や報酬力（昇給、賞与、昇進を決める力）などの、上司だからこそ持つパワーのことです。中でも

「これをやらなかったら今度のボーナスはないぞ」「仕事でミスをしたら罰を与えるぞ」というような脅しは、部下をコントロールしているという感覚やリーダーシップを発揮しているという自覚が得られやすい上に、一見すると即効性があるように見えるので乱用されやすい傾向にあります。

誰でも罰せられることは怖いので、専制型リーダーシップは恐怖政治になりやすくなります。実際に、専制型リーダーシップは部下に大きなダメージを与え、それが社員のモチベーション低下や人材流出等を通して、組織に対しても損害を与えることが報告されています。[104]

この専制型リーダーシップは、歴史的にもかなり古い形態で、第二次世界大戦より前の一九三〇年代から研究テーマとして登場しています。[105]

ノルウェーの労働者代表サンプル二五三九名を対象にした調査によると、三・四％の回答者が専制型リーダーシップに該当する上司の言動を〝非常によく〟もしくは〝ほとんどいつも〟経験したと回答しています。[102] 脱線型リーダーシップと比べると遭遇する確率は低いと言えますが、現代においても組織には一定数いることは確かです。

〈専制型上司の特徴〉

・（上司が持つ）期待水準に到達しない部下に対して「なんでこんなこともできないの？」とば

かにする
・仕事の進め方を細かく指示したり、細かい箇所まで説明や修正を求めたりする
・周囲に人がいる状態で、ミスを指摘したりできていないことを批判する
・自己顕示欲（自分の存在をアピールしたいという欲求）が強い
・自信家であり、自分が正しいと思っている
・第三者から見て非合理的な罰を与える（遅刻した人に対して腕立て伏せ一〇〇回を命じる、ミスした人に対して他の従業員の前でその内容を発表させるなど）
・部下が主体的に動くことを歓迎しない
・すぐにカッとなって怒鳴るなど、感情のコントロールが苦手である
・仕事が、部下の犠牲（長時間労働、休日出勤、過剰なノルマ等）の上で成立している
・組織の目標達成（売上や経費削減）に貢献している場合があり、その場合は上層部から評価されている

†会社の方針や施策が、専制型リーダーシップを奨励している場合がある

破壊的・建設的リーダーシップモデル[101]（図3-1）によれば、専制型リーダーシップは部下を疲弊させモチベーションを下げる一方で、組織の目標達成に貢献する行動（向組織行動）で

あると定義されています。

これが、専制型上司の評価が組織内で分かれる理由です。例えば、部下側からは「今日も怒鳴られた」「このままだと不調者が出そうだ」という悲鳴に似たような訴えが寄せられるのに対し、上長や経営層は「いや、あの人は仕事ができるから、少し部下にも厳しいところがあるのだと思う」「よく部下を指導してくれている」などと評価しており、問題意識を持ってもらえないというパターンです。

このことは、研究者の間でも議論されています[106]。例えば、中国を統一した秦の始皇帝（紀元前二五九〜二一〇年）は専制的であったことが知られていますが、万里の長城を完成させたり、また中国史史上初めて通貨や度量衡（計量の基準）を導入したりと、後世に残る功績を遺しています。

ビジネス界でも、例えば米国の Apple Inc. の創業者であり、この世に MacBook や iPhone を生み出した故スティーブ・ジョブズも、専制型のリーダーシップを発揮しており、部下を追い詰めるようなパワハラ的行為を行っていたことが指摘されています[107]。

つまり、専制型上司は部下にとっては辛くても、会社にとっては〝歓迎される〟リーダーシップでもあるのです。パワハラ上司が部下を追い詰めてくれているおかげで、会社全体の売上等の数値目標や新商品開発、短期の納品等の業績が達成されていることがあるからです。

特に、四半期ごとに株主から業績評価を求められるような会社では、短期に結果を出せる上司が重宝されます。これが、部下が疲弊しているとわかっていても、専制型上司に対して、会社が注意をしたり懲戒処分を下したがらなかったりする理由です。

そしてそれは、専制型リーダーシップを発揮している上司側の言い分にも表れます。専制型上司に話を聞くと、「自分が部下を成長させてやっている」「厳しい指導は部下のためになると思っている」「自分は組織に貢献している」という自負を持っており、自らの指導の正当性を主張する傾向にあります。

実際、自分自身が組織にいかに貢献するかを真剣に考えており、確かに指導の内容や指摘している内容自体は間違っていないこともあります。そして会社から正式な処分もされないため、ますます自分の行動を正当化していくというパターンが見受けられます。専制型の上司を生み出しているのは、組織の責任でもあると言えるのです。

†破壊的リーダーシップを発揮させる毒の三角形

上司が、専制型を含む破壊的リーダーシップを発揮できるのは、いくつか条件が揃った時であると言われています。それは、①リーダー（上司本人）、②フォロワー（部下）、③環境、の三つが揃った状況であり、これらは〝毒の三角形〟と呼ばれています[108]（図3-2）。

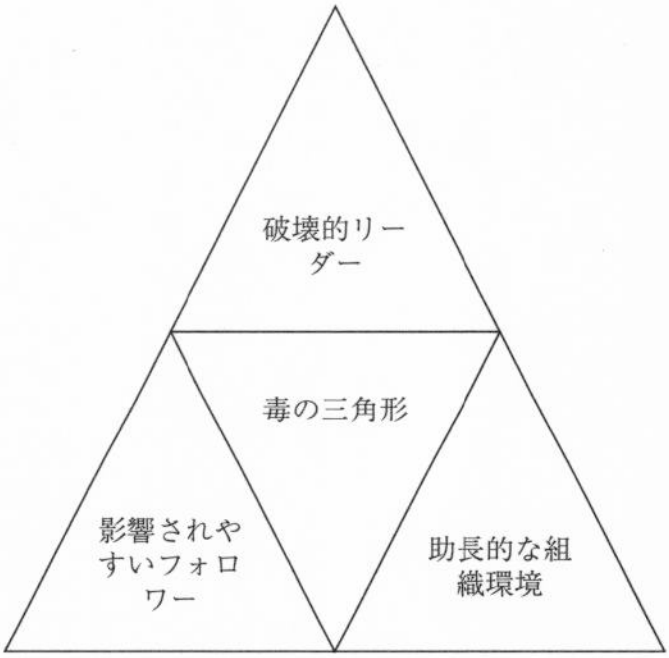

図3-2　毒の三角形（Toxic Triangle）[108]

上司一人だけでは、存分に破壊的リーダーシップを発揮できません。そこに助長的な職場環境、例えば専制型リーダーシップを奨励するような経営層がいたり、そのような人を昇進させる組織があり、さらにその人を受容したり共感したりするフォロワー（部下）がいると、思う存分に発揮することにつながるのです。

ちなみに、専制型上司の行動を助長しやすいフォロワー（部下）には、①同調者（満たされない欲求がある、自己評価が低い、成熟度が低い）、②共謀者（野心がある、リーダーに似た世界観を持っている）の二種類があると言われています。[109]

上司の言うことをなんでも受け入れてしまったり、すぐに従ったりする部下も、①同調者に入ります。自分に自信がないため、上司が言うことを正しいと思ってしまい、上司の要求に応えられない自分を責めてしまうのです。

その様子を見て、専制型上司はますます「自分の要求に部下が応えられないのは、部下の出来が悪いからだ」「部下の成長のために、自分が教えてやってるんだ」「自分は正しいことをやっているんだ」という思いを強め、専制型リーダーシップを強化していきます。

一方で、部下が②共謀者の場合も同様です。「上司の言うことは、おっしゃる通りです」「自分もそう思います」というように同調して上司の味方になるので、専制型上司は「自分のことをわかってくれる部下もいる」「やはり、自分のやっていることは正しいのだ」と思い込んで、専制型リーダーシップを強化していくのです。

同じ職場に、同調者と共謀者のタイプの部下が両方いると、職場が分断される傾向にあります。専制型上司と共謀者の部下は一緒になって専制型リーダーシップを発揮していくようになり、比較的元気にやりがいを持って働く一方で、同調者の部下はどんどん病んでいくという、二極化状態に陥ります。

同調者の部下は、心身に不調をきたしていても上司が怒鳴ったりするのは自分のせいだと思っているので、まずハラスメント相談には来ません。共謀者である部下も、上司が正しいと思っているので来ません。その様子を見た他部署の人が「隣の部署の上司が部下を罵倒している」「疲弊して今にも倒れそうな人がいて心配だ」と、相談に駆け込んでくることがあります。

そのため、専制型リーダーに関しては、部下から相談に来ることを期待するのではなく、様子を目撃して、おかしい、やりすぎだと感じた第三者からの相談で、早期介入につなげる必要があります。

†専制型リーダーシップは、長期的には部下のパフォーマンスを下げる

専制型リーダーシップがパワハラにつながりやすいと言っても、それを乗り越えた部下はきちんと成長している、という意見もあるかと思います。確かに、上司側から見て、自分の思う通りに部下が動いてくれている実感があると「成長している」と感じるようです。ただ、本当は成長させているのではなく、主体性を奪い依存させているだけという場合もあります。上司が仕事のやり方や意見を押し付けなければ、もっと他に効率的なやり方や革新的なアイディアがあるかもしれないのに、その機会を奪ってしまっているのです。

専制型リーダーシップは、短期的には部下の仕事のパフォーマンスを上げうるとも言われています。短い納期で仕事を仕上げるように言われれば、人は無理してその納期を達成する、つまり高いパフォーマンスを出すことができます。しかし、長期的には必ず部下の仕事のパフォーマンスを下げると報告されています[101, 104, 106]。

中国のとある製造業の企業の上司九〇名、部下三六〇名を対象にした研究においても、直属上司の専制的な関わりは、部下の仕事のパフォーマンスを下げる働きをしていたと報告しています[110]。そして、部下のパフォーマンスが下がったり依存的になったりすることが、ますます専制型上司の管理指向を高めてしまうという悪循環を生み出すのです[111]。

部下の生産性が下がる主な理由は[112]、①上司からのプレッシャーや要求度が高いことにより疲弊していくこと、②継続的に批判され続けることで、自尊心を傷つけられることです[113]。実際の職場でも、専制型上司の部下は入れ替わりが激しかったり、メンタルヘルス不調者が一人以上出ていたりする傾向にあります。

†なぜ専制型上司からのプレッシャーや要求度が高いと、部下は疲弊していくのか

元々パフォーマンスが高かったり、上司の要求や期待値を把握したりするのが得意な人であっても、細かいところまで修正を要求されたり、やり直しのための業務量が増えたり、ダメ出しをされたりすることが増えると、メンタルヘルス不調になりやすくなります。

図3-3は、ヤーキーズ・ドットソンの法則と呼ばれる、緊張状態（ストレス）とパフォーマンスとの関係を示したものです[114,115]。学習の動機付けの中でも特に緊張を与えるものは〝罰を与える〟タイプですが、あまりにやりすぎると、パフォーマンスを下げる効果があります。専制型上司は部下に対する要求度が高く、できなかったことに対して罰を与える傾向も強いため、容易に高ストレス状態にしてしまい、パフォーマンスを下げる危険性が高いのです。

職場においてストレスを感じること自体は、直ちに健康やパフォーマンスに悪影響を与えるものではありません。むしろ、ある程度のストレスは必要なものだとされています。例えば、

適切に設定された締め切りや納期はモチベーションになり、パフォーマンスを向上させます。ただし、それには〝限度〟があります。

この世に〝ストレス〟という概念を生み出した第一人者であるハンス・セリエは、ストレスには〝ユーストレス（eustress）〟と〝ディストレス（distress）〟の二種類があること、ディストレスが不快なストレスである一方、ユーストレスはモチベーションを高めたり幸福度を高めたりするものだと定義しています。[116] そのため、感じるストレスがユーストレスの範囲に収まっている限りは、モチベーション高く仕事に取り組める状態だと言えます。

ただし、感じるストレスが増え一定の閾値を超えてしまうと、一気にパフォーマンスが落ちます。例えば、あまりにやるべきことが多すぎて終わりが見えなかったり、納期に間に合わない仕事が増えてしまったり、ダメ出しばかりされたりすると、焦燥感や不安が強くなるため、〝ディストレス〟（不健康な状態）になってしまうのです。この状態に陥ると、疲労を感じやすくなり、パニックになったり、バーンアウト（燃え尽き）してしまったりして、メンタルヘルス不調が生じる状態になります（図3-3）。

専制型上司は、容易に部下をディストレス状態にしてしまいます。実際、米国で七一二名を対象に調査を行った研究によると、上司が専制型だと、部下が六カ月後に抑うつ・不安状態や感情的疲弊状態になりやすいと報告されています。[117、118]

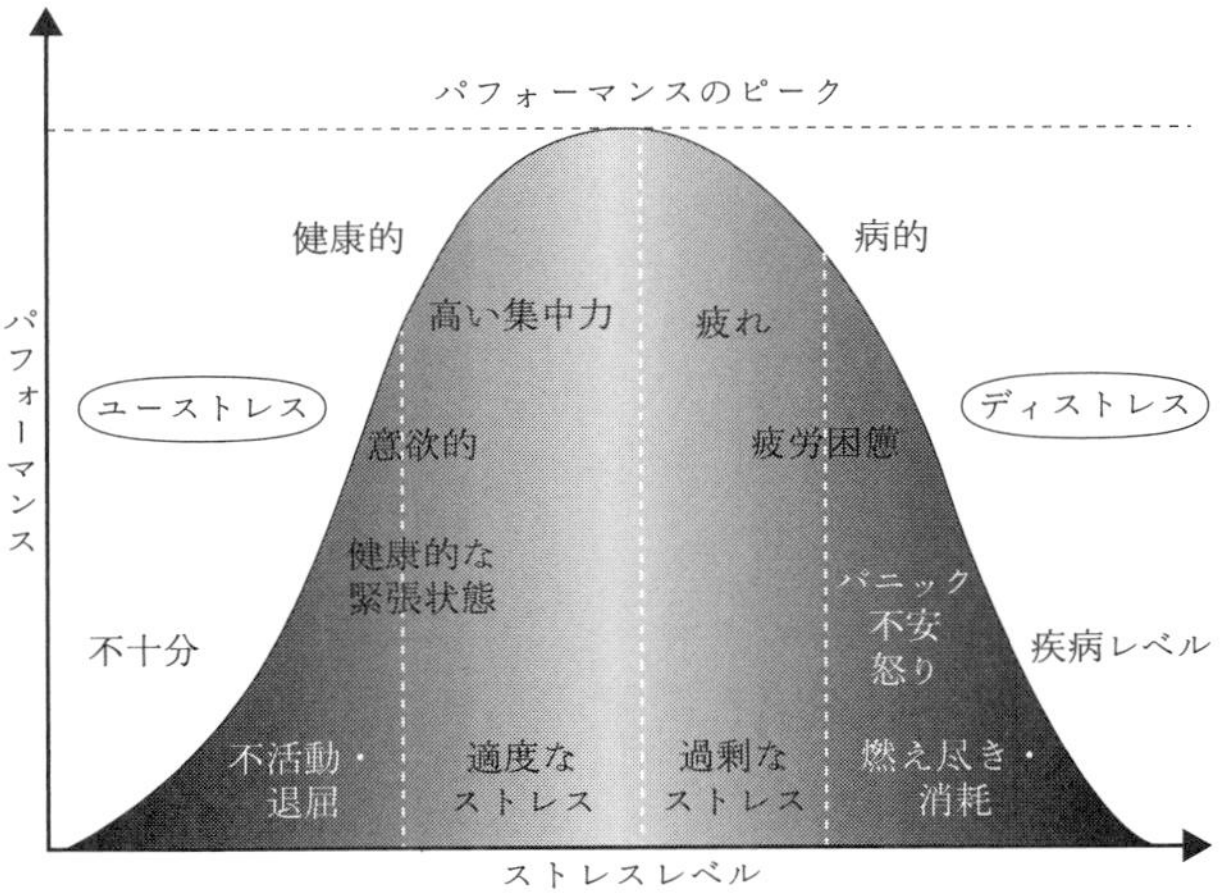

図3-3　ヤーキーズ・ドットソンの法則

†なぜ専制型上司は部下の自尊心を傷つけるのか

専制型上司は、相手を傷つける表現を使う傾向があります。批判やダメ出しを他の人の前で行ったり、部下に対してばかにした発言をしたりします。[104] ダメ出しを人前でされるというのは、想像以上に精神的に堪えます。「自分はできないやつだ」と周囲に言いふらされていることと同じだからです。

例えば、上司が突然あなたの席に来て、「あなたは○○ができていない」「そんなんで部下がついてくると思ってんのか？　仕事舐めてるのか？」などとダメ出ししてきたら、どのように感じるでしょうか。恐らくみんなの前で言わなくてもいいじゃないか」とまず思い、「恥さらしされた」「屈辱を受けた」という感情になるのではないでしょうか。

実際に、専制型の上司と長期に一緒に働くと、部下の自尊心や自己効力感が低下するという報告があります。[119]最近の研究でも、専制型上司と関わった部下の多くが自尊心の低下を経験していたことを報告しています。[120]

部下にダメ出しを行う際は、①周りに人がいない状態で行う、②ほめること・できていることを同時に伝える、③人格否定をせずに何をどうしてほしいのか伝える、の「3プラス3」が鉄則です。このあたりは、第5章で詳しく解説します。

ちなみに、「○○の根拠は？」「なんでこう思ったの？」などと矢継ぎ早に質問することも、ダメ出しと同じです。こういった詰問は、部下に「自分のできないところを追求させられている」「責められている」と感じさせてしまうからです。

恐怖と不安のマネジメントは、不正行為や逸脱行為を増やす

専制型リーダーシップがもたらす悪影響は、部下をメンタルヘルス不調にしたり自尊心を傷つけたりすることだけではありません。組織内の不正行為（売上を水増しする、伝票を偽造する等）や逸脱行為（会社の備品を盗む、残業時間を実際よりも多く申告する等）を増やす危険性があることも指摘されています。

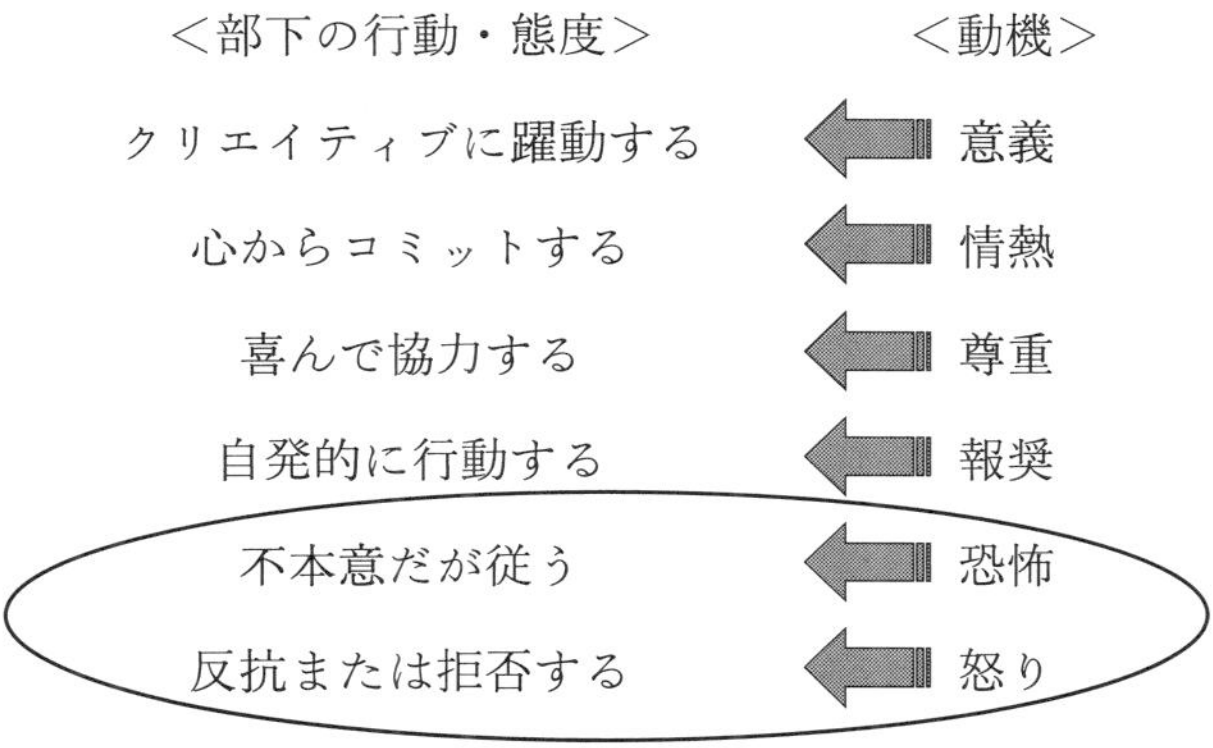

図3-4　部下の動機とそこからもたらされる行動や態度との関係[121]

『7つの習慣』で知られるスティーブン・R・コヴィーは、部下の動機とその動機によってもたらされる部下の行動や態度との関連を図3-4のようにまとめています。[121] これによると、部下は恐怖を感じれば不本意だが従い、怒りを感じれば反抗または拒否するという行動に出ます。

専制型上司と関わった部下の多くが、怒り、フラストレーション、不安、恐怖を感じることがわかっています。[120]

専制型リーダーシップを発揮している上司が、自分のリーダーシップを効果的だと誤解してしまう要因の一つが、〝部下が自分の言う通りに動いている〟ように見えるからというのがあるのですが、実は表面的には従っているように見えても、本当の意味では部下は納得していないのです。そのため、不本意だが従うために、あるいは反抗するために、不正行為や逸脱行為に手を出すと考えられています。正当な方法で従う（パフォーマンスを出す、売上を計上する）ことができない場合、不正な方法を使ってでも要求事項を達成して、罰を逃れようとしたり、これ以上の不安や恐怖を感じないようにしたりするのです。

実際、米国の中央フロリダ大学の研究者らが裁判所に呼ばれた裁判員（犯罪を犯したのではなく、裁判員制度によってランダムに選ばれた民間人）四二七名を対象に行った研究によると、専制型の上司の元で働いていることと、組織内で不正行為や逸脱行為をしていることとの間に関連があったことがわかっています。[122] また、複数の研究をまとめて解析するメタアナリシス研究によっても、同様の結果が報告されています。[123]

このように、専制型上司は部下と良好な関係を築くことができません。部下のパフォーマンスを上げるどころか、長期的には組織に損害を与える、生産性を低下させる破壊的リーダーシップなのです。

4　放任型の上司

†放任型リーダーシップとは

放任型リーダーシップは、「リーダーシップの不在」とも言われます。管理職のポストにはついているものの、リーダーシップを発揮していない状態のことであり、一般的に、部下にフィードバックしたりほめたりすることがなく、その結果部下のモチベーションを高めたりすることもできません[124]。

放任型リーダーシップは、パワハラの発生と関連する破壊的リーダーシップの中でも最も高頻度で観察されるものです。例えば、ノルウェーの労働者代表サンプル二五三九名を対象にした調査によると、二一・二％の回答者が放任型リーダーシップに該当する言動を〝非常によく〟もしくは〝ほとんどいつも〟経験したと回答しています[103]。これは、専制型の三・四％や脱線型の八・八％の二〜六倍に該当する割合です。

〈放任型上司の特徴〉

・部下と積極的に関わると「ハラスメントだ」と訴えられかねないので、部下とは最低限の関わりしか持たないようにしている

・決断や判断を避ける

・部下が誰かをいじめていても、止めに入ることはしない
・出張や会議で忙しく、部下がいる職場を不在にしがちである
・部下をほめたり、ねぎらったりすることはほとんどない
・仕事に対する情熱を語ったり、目指すべき将来像を語ったりすることはない

†日本に多い放任型・消極型上司

日本には、放任型上司や消極型上司が多いことがわかっています[97]。それを示すために、ここでは全く同じ調査票（Multifactor Leadership Questionnaire：ＭＬＱ）を用いた、米国の上司と日本の上司のリーダーシップ形態に関する調査結果を紹介します。

ＭＬＱは変革型（transformational leadership）、交換型（transactional leadership）、放任型（laissez-faire leadership）の三種類のリーダーシップ形態を評価するもので、放任型が職場や部下にネガティブな影響を及ぼすのに対し、変革型と交換型リーダーシップは、職場や部下にポジティブな影響をもたらすとされているものです。

変革型リーダーシップとは、リーダーが部下との相互関係を通してビジョンやロールモデルを示し、部下に一人の個人として尊重した態度で接しながら新しい見方や方向性を促すリーダーシップの形態です。

下位概念として、「カリスマ性」「理想的な振る舞い」「鼓舞する動機付け」（先行きに対する展望をはっきりと話したり、上司との関わりにより部下に誇りが芽生えたりするような行動）、「知的刺激」（問題解決や課題達成に対して、新しいものの見方を提示する行動）、「個別的配慮」（部下の長所を伸ばすように助ける行動）から構成されています。[125、126]

変革型リーダーシップはこれまで、ポジティブな結果とは正の関連、ネガティブなものとは負の関連があると報告されています。例えば、職場の効率性、従業員満足度、団結的な組織文化、部下の楽観主義とは正の相関（つまり、効率性や満足度を高める効果）、疎外感、バーンアウト、いじめとは負の相関（つまり、部下の疎外感や燃え尽きを減らしたり、パワハラやいじめの発生を抑制したりする効果）があると報告されています。[127-129]

交換型リーダーシップは、部下が期待通りに仕事をしていると認められる場合に報酬を与え、期待通りでない場合には指摘するという、部下の行動と〝交換〟して何らかのリーダーシップを発揮するものです。

交換型の下位概念としては「業績主義の報酬」（誰が目標達成に責任を持つのか、具体的に話し合う）、「積極的な例外管理」（あらゆるミスを見逃さない）、「消極的な例外管理」（物事がどうしようもない状態になってから動き出す）があります。

交換型リーダーシップも、変革型リーダーシップと同じように、職場の効率性、従業員満足

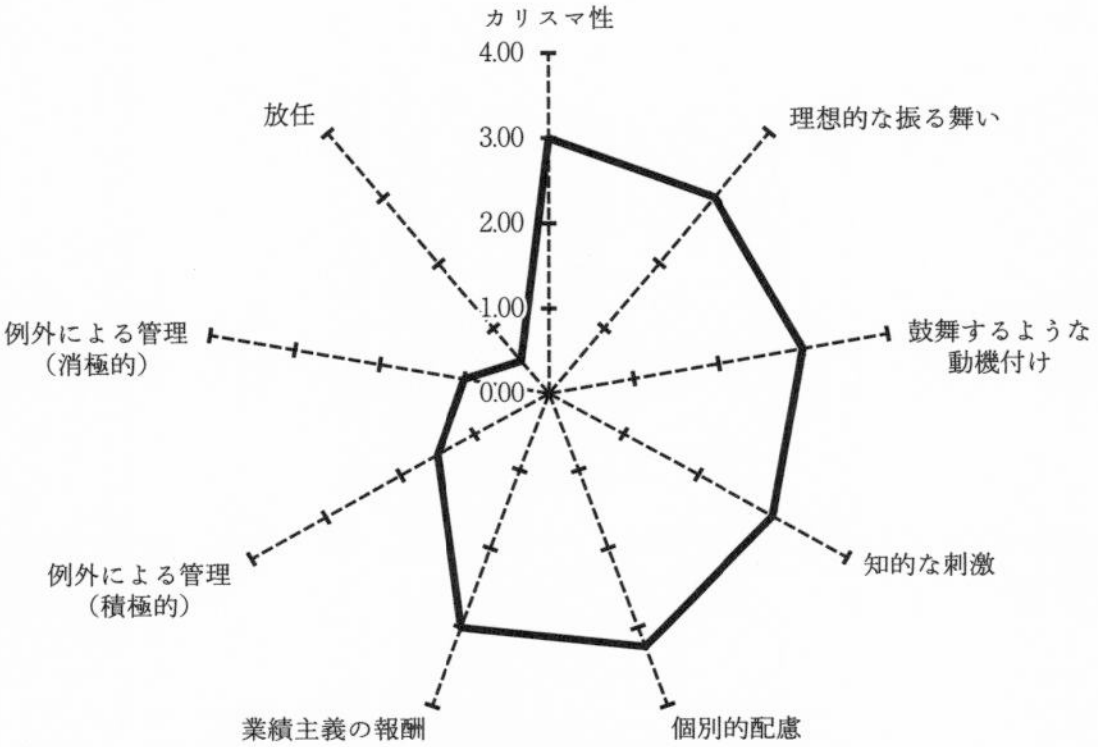

図 3-5　アメリカ人上司のリーダーシップ形態

度と正の相関（職場の効率性や従業員満足度を高める効果）があると報告されていますが、[130] 職場の効率性や従業員満足度に与える影響は変革型より弱いことが、メタアナリシスによって報告されています。[128,129] また、交換型の中で「消極的な例外管理」は組織や部下にネガティブな影響をもたらすリーダーシップとして知られています。

図3-5は、MLQで測定した、米国の上司のリーダーシップ形態得点の平均を示したものです。[124] これを見ると、米国の上司は消極回避／放任度合い（放任型）が非常に低く、積極的な例外管理（交換型）は中程度なのに対し、カリスマ性／強い動機付け（変革型）、知的な刺激（変革型）、個別的な配慮（変革型）、業績主義の報酬（交換型）の得点は高いことがわかります。

では日本人上司では、どのような結果になるので

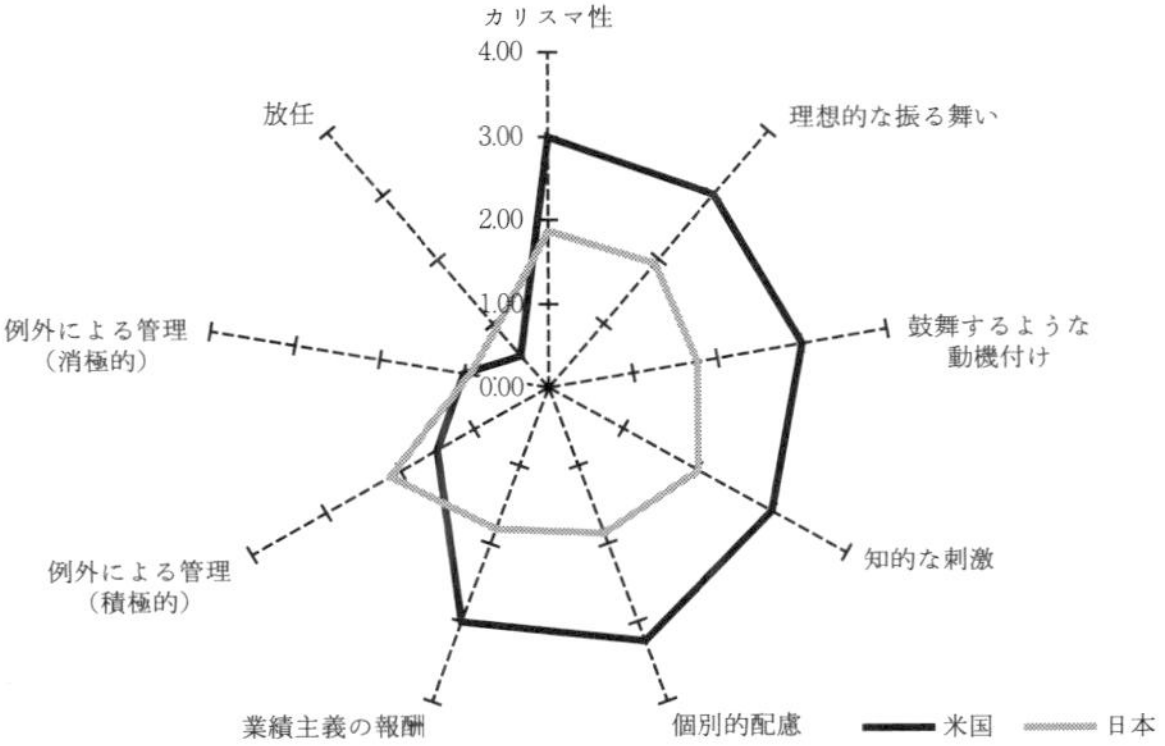

図 3-6　米国の上司と比較した日本人上司のリーダーシップ形態

しょうか。私たちが関東地方の地方公務員約一〇〇〇名を対象に調査したところ、このような結果になりました（図3-6）。

放任主義（放任型）と積極的な例外管理（交換型）が米国よりも高い一方で、〝良い〟リーダーシップとされるカリスマ性／理想的な振る舞い／強い動機付け（変革型）、知的な刺激（変革型）、個別的な配慮（変革型）、業績主義の報酬（交換型）の得点は非常に低い、つまりポジティブなリーダーシップが少なく、ネガティブなリーダーシップが多いという特徴が明らかになったのです。

†パワハラ防止研修が、放任型上司を増やしている

おそらくこれは、地方公務員としての性質も影響していることも考えられます。地方公務員は別の自治体や企業等へ転職することが少ない一方で、

数年ごとに部署を異動するという性質があります。その結果、上司になった場合に何か積極的に新しいことをしようという気にならず、どちらかと言うと〝何事も起きないこと〟を重要視するため、リーダーシップを発揮しない傾向にあるのではないかと考えられます。

では民間企業では放任型上司が少ないかと言うと、そうでもないと感じます。というより近年、パワハラ防止研修が、放任型上司を増やしてしまっているのではないかと感じるのです。

私が以前、ある企業で管理職向けにパワハラ研修をした時のことです。当時はまだパワハラに関するエビデンスも少なく、多くの人の関心は〝どれがパワハラで、どれがパワハラでないか〟という判断基準でした。そして私自身も、そういったニーズに応える形でどういった行為がパワハラに該当するかに重きを置いた研修を実施していました。

とある研修後、一人の参加者が私のところにやってきました。そして、こう言ったのです。「最近は、なんでもハラスメントと言われてしまう。だから僕は、もう部下とは積極的に関わらないことに決めたんです。そうすれば、ハラスメントになりようがないでしょう?」と。その表情は自信に満ちていて、「こんなに素晴らしい解決策はないですよね?」と同意を求めているかのようでした。

その時私は、衝撃を受けました。当時既に〝放任型がパワハラの発生をむしろ増やす〟可能性があることを知っていたものの、まだ世界中で縦断データを利用した研究は行われていないなかったのです。「いや、むしろ逆効果の可能性があるんですよ」とは説明したのですが、データで説得できない悔しさは非常に大きなものでした。パワハラ防止のための研修が、むしろパワハラ上司を増やすことにつながっていた可能性を知り、ショックを受けたことを覚えています。

†上司が放任型だとパワハラが新規に発生しやすく、部下もメンタルヘルス不調になりやすい

では上司が放任型だと、職場にどのような影響があるのでしょうか。例えばノルウェーで労働者二二七三名を対象に行われた横断研究によると、直属の上司が放任型であることと、職場環境が不安定なこと、パワハラやメンタルヘルス不調が発生していることとが関連していたことがわかっています。(131)

私たちは、関東地方の地方公務員約一〇〇〇名を対象に縦断調査を実施しました。(97、132) このとき、新規にパワハラが発生するかどうかを見たかったため、初回調査時点でパワハラにあっている人は解析から除外しています。

その結果、直属上司のリーダーシップ形態が放任型だと、半年後にパワハラが新規発生するリスクが四・三倍に、直属上司のリーダーシップ形態が放任型だと、半年後に部下がメンタルヘルス不調になるリスクが二・六倍になることがわかりました（いずれも、性、年齢、学歴、婚姻歴、慢性疾患の有無、職種、職位、交代勤務の有無、追跡期間中のライフイベントの影響を調整済

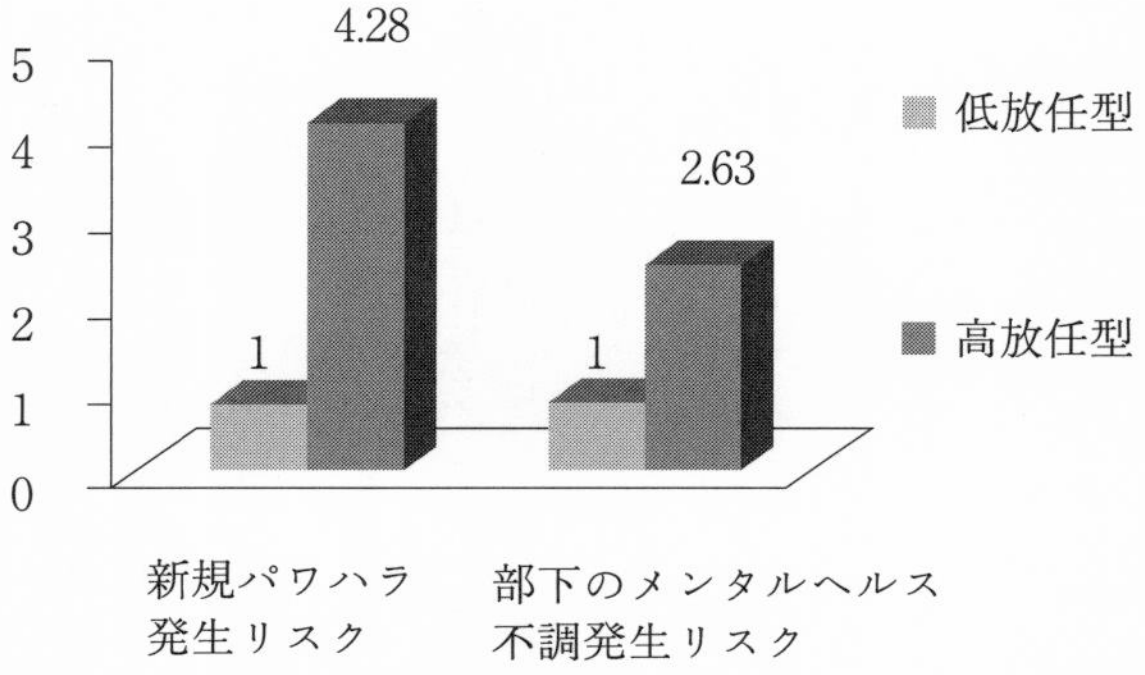

図3-7　上司の放任度合いが高いと、パワハラの新規発生と部下がメンタルヘルス不調になるリスクがあがる(106, 135)

の結果）（図3-7）。放任型は一見無害なように見えて、そうではないことが確かに証明されたのです。

†放任型リーダーシップがパワハラ発生につながるメカニズム

なぜ、放任型のリーダーシップは、職場に悪影響を及ぼすのでしょうか。このメカニズムについては、ノルウェーの研究で報告されています（図3-8）。

まず直接的には、こういった放任型上司を持つと、「自分は嫌われているのでは？」「指導してくれないということは、自分を辞めさせようとしているのではないか？」と部下に感じさせること、つまり「パワハラを受けている」と感じさせることがあげられます。

間接的な影響としては、適切な指示がないことで職場を不安定にさせたり、従業員同士の対立や衝突を増やしたりすることにより、部署内のパワハラや

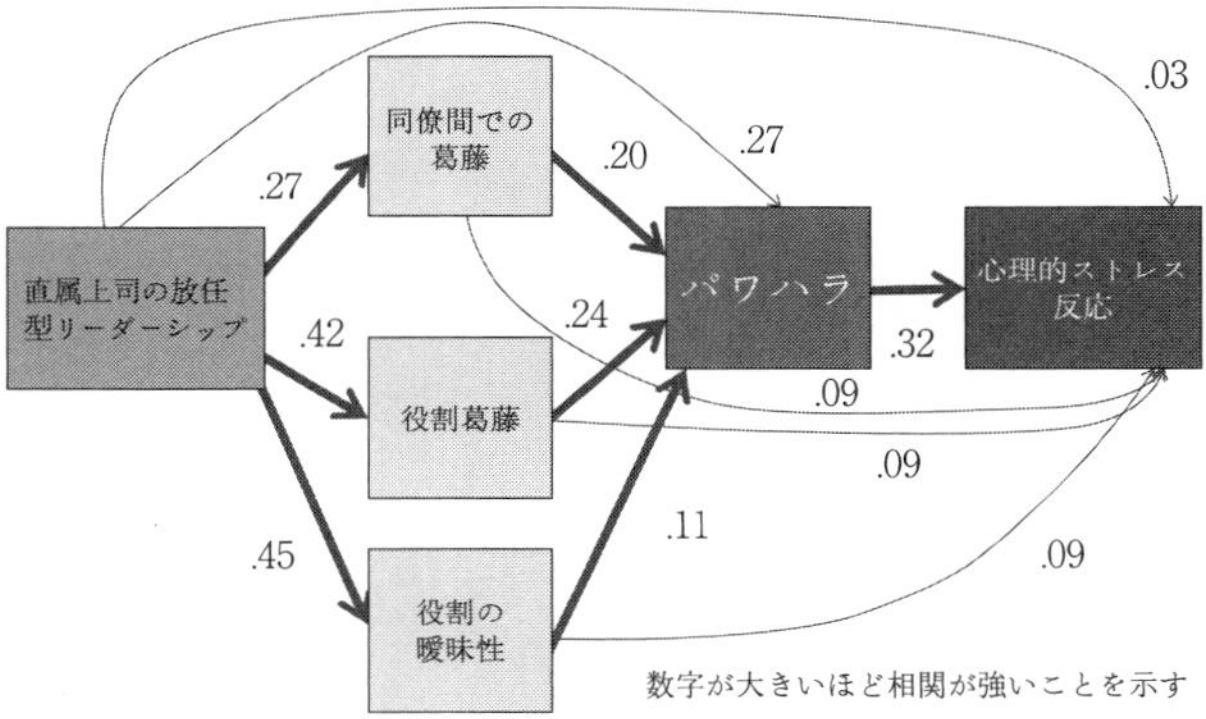

図 3-8　放任型リーダーシップがパワハラを発生させるメカニズム

いじめ行為を増やすというものです。例えば、ある仕事を誰がやるのかで揉めたり、責任のなすりつけ合いになったり、イライラすることで弱い者いじめに走ったり、ということが考えられます。

日本は年功序列という慣習があり、適切なリーダーシップトレーニングを受けずに管理職となることが多いため、部下とどのように関わったらいいのかわからず、結果的に消極放任型になってしまう上司が少なからず存在すると思われます。こういった不幸なことが起こらないように、上司を委縮させるような研修ではなく、自信をもって部下と関わっていくことができるような研修など、上司層をサポートする取り組みに力を入れたりすることが求められます。

†専制型上司の上に放任型上司がいる職場が、最も危ない

専制型上司と放任型上司の両方が同じ職場に存在する場合が、最も危険です。例えば、リーダークラスが専制型で、その上長が放任型の場合です。専制型のリーダーが部下や後輩を苦しめて追い詰めていても、その上の上司が放任型で注意したり止めに入ったりしないと、専制的な言動に〝無言の承認〟を与えてしまいます。

民事裁判になった事例もあります（さいたま市環境局職員事件[133]）。教育係の男性職員が職員をいじめていたのに、その上長である係長が「がまんしてくれ」と、その行為を止めなかったことで、被害者がうつ病を発症し自死に至ったものです。控訴審では、係長や所長が適切な対応をとっていれば自殺を防ぐことができた蓋然性が高いとして、安全配慮義務違反を認定しています。

かなりひどいパワハラやいじめ行為が行われていたケースで、調べてみたら上長が放任型だった、というのは決して珍しくありません。職場で部下同士のパワハラやいじめ行為が発生した場合、上司がそれに介入しないと、「これは許される行為だ」という認識が広がってしまい、行為者側の行動がエスカレートするという危険性があることを覚えておく必要があります。

パワハラで訴えられるのを恐れて部下に積極的に関わらないことは、一見無害そうでも、職場に大きな悪影響をもたらすと言えます。

第4章

なぜパワハラは起こるのか

——パワハラが発生するメカニズム

本章では、パワハラが発生するメカニズムに焦点を当てます。パワハラが発生する要因は、個人的なものと、組織的・構造的なものがあります。まず個人的な要因として、なぜ人はパワハラをしてしまうのか、どのようなタイミングにパワハラが発生しやすいのかを解説します。次に組織要因として、パワハラの発生と進行過程、個人的パワハラと構造的パワハラの違い、そしてパワハラを助長させる職場環境はどのようなものかについて、解説します。

1 個人的パワハラと構造的パワハラ

ノルウェーの平和学研究者であるガルトゥングは『構造的暴力と平和』において、国家による不平等や差別を構造的暴力と位置付け、個人間で行われる暴力は個人的暴力と定義しました。しかしながら同時に、「マットレスのなかの圧縮バネにはしかけがあるように、個人的暴力はシステムの中に組み込まれている[134]」と表現しています。

しかけは、マットレスを分解して初めて姿を現すものです。そのため、パワハラに関しても、個人が起こすパワハラの一つ一つの事例だけに着目することは、それよりも大きな構造的暴力を見逃す可能性があると言えます。パワハラは時に、組織内の社会秩序を維持するために行われることがあるからです。

また、組織的に（例えば、人員削減施策の一環として）パワハラが行われることもあります。この場合、パワハラ行為者はただのプレイヤーでしかなく、その個人を処罰しても、根本的な問題解決にはなりません。組織としての意向や要求を満たそうとする、他の新たなプレイヤーが現れるだけだからです。

総合的なパワハラ対策のためには、個人が自分の意向で（組織の意向とは独立して）単独で行う個人的暴力（＝個人的パワハラ）と、組織の意向や職場風土による構造的暴力あるいはそれによって誘発される個人的暴力（＝構造的パワハラ）とを、切り分けて考える必要があります。前者であれば、行為者を懲戒処分すればある程度問題は解決しますが、後者の場合は、組織の意識改革及び構造改革を行わない限り、永遠にパワハラはなくなりません。

2　個人的パワハラの発生要因

人がいじめやパワハラをしてしまう原因に、自尊心の不安定な高さ、感情知能の低さ、自分の言動が他者にどのように影響するのかの認識の甘さ、他者に対する期待水準の高さがあることがわかっています。本章では、これらがなぜパワハラ行為につながるのか解説します。

①自尊心が不安定に高い

自尊心（セルフ・エスティーム）は、自分が自分自身の価値をどれだけ認めているかという、評価です。実際に他者と比べてどうかに関係なく、自分は頭が良い、優れている、魅力的である、愛される存在である等と認識している程度のことを指します。

自尊心を保ったり向上させたりすることは、行動に良い影響を与えたりコントロールしたりする動機となります。例えば、自尊心が高い人はリーダーになりやすい傾向にあります。しかし、自尊心が「不安定に」高い場合は、不安を感じた時に自己防御反応が起こり、攻撃的にな

りやすいと報告されています。(135)

例えば、能力の高い部下が来た際に自分の地位が脅かされることを恐れて、その部下がわざとミスをするよう仕向けたり、自分の方が上の立場であることを示すために皆の前で罵倒したりすることで、自尊心を回復するという行動に出るのです。

ここで注目すべきは、「不安定に高い」自尊心であることです。社会心理学者のロイ・F・バウメイスターは、そもそも自尊心が低い人は勝ち目がない攻撃をすることはない一方で、自分のことを優れていると思っている人は、優れていないように思える人に対して攻撃的になると指摘しています。(135) 自尊心が高すぎるからこそ、自分が傷つくことを恐れて他者に攻撃的になるのです。このことは、ナルシシズムが高い上司がパワハラをしていることを明らかにした研究とも一致します。(136)

暴力は一般的に、優位性が傷つけられたり、危険にさらされたり、否定されたと感じることから発生します。例えば、煽り運転した後、道路の真ん中に車を停めて降りてきて、暴言や暴力を吐くという事例が度々発生していますが、あれも自分の優位性や自尊心を傷つけられたと感じているのです。

店員に土下座を求めるような悪質なクレーマーも同様です。客としての何らかの優位性を傷つけられたと感じたために怒りが生じ、自尊心を回復するために、店員を攻撃するという行為に出ます。土下座をさせることで、客としての自分の優位性を確認するのです。

自尊心と攻撃との間を媒介するのは、フラストレーション、怒り、不安、妬みなどのネガティブな感情です。[135] パワハラに関しては、特に「妬み」の影響が大きいと報告されています。被害者からの報告によると、発生したパワハラの六八％が妬みを原因としていたとわかっています。[137] 特に同僚同士で起きるパワハラの多くが、これに該当すると思われます。

また、パワハラ行為者は精神的に不安定で、何か批判された時にそれに冷静に対処することができず、すぐにうろたえて、自分の世界が脅かされていると感じやすいこともわかっています。[138] 不安定に高い自尊心を持つ人は、自分のことを優れていると思っているからこそ、悪いところやできていないところを指摘される際に、防衛的になることも報告されています。[139]

本当の意味で自分自身を認め精神状態が安定している人は、他者のことも認める余裕があるため、攻撃的になることはありません。一方で、自尊心が高いように見えて実は自信のないタイプは、その不安定に高い自尊心ゆえに、防御機能が発動しやすく、結果的にパワハラ行為に至る可能性が高いのです。

†米国におけるセルフ・エスティーム・ブーム

自尊心はいつの時代も人々の関心が高く、その向上が政策にも取り入れられた時代もあります。米国では、八〇年代から九〇年代にかけて「セルフ・エスティーム・ブーム」が起きました。[140] 例えばカリフォルニア州では一九八六年に「自尊心と個人的・社会的責任促進のためのカリフォルニア・タスクフォース」を設立する法案が可決されました。

タスクフォース（組織内部で緊急性の高い問題の解決や企画の開発などを行うために一時的に構成された組織のこと）の目的は、自尊心をさまざまな社会問題に応用する方法を探ることであり、州はこのタスクフォースに年間二四万五〇〇〇ドルの予算をつけました。

これは、犯罪者に自尊心が低い者が多かったこと、自尊心の高い学生に良い成績を収めていた者が多かったことなどの研究結果を根拠に展開されたもので、自尊心が高まれば、成績が向上し、非行も減るのではないかと期待されたのです。

こういった取り組みは全米に普及し、学校現場では自尊心を向上させるプログラムがカリキュラムに組み入れられ、会社では従業員の自尊心を向上させるためのコンサルタントを雇うようになり、自尊心と自己啓発に関する何百冊もの本が出版されることになりました。

しかし、「あなたは存在しているだけで素晴らしい」という教育やメッセージが繰り返された結果起こったのは、期待されていた成績向上や犯罪率の低下ではなく、むしろ「負の効果」でした。高い自尊心、その中でもナルシシズムは、プライドを傷つけられたことへの報復として他者を攻撃すること、そして自尊心の高い人は、低い人と比べて内集団（自分が所属する集

団）を優遇する傾向にあり、それが差別や偏見を助長させる可能性があることが示されたのです。(141)

逆に、自尊心を高めても、成績向上や犯罪率の低下には全く良い影響がもたらされないこともわかりました。これらの知見をまとめたバウメイスターらは、自尊心が高ければパフォーマンスが上がるのではなく、才能があったり、頭が良かったり、成功したことによって、人は自尊心が高くなるものであると指摘したのです。

つまり、自尊心は誰かによって強制的に植え付けられるものでもなく、また、根拠なく自分自身が優れていると思い込むことが重要なのではなく、何かしらの、納得できる根拠を基に、少しずつ自然と獲得していくものだと言えます。逆に、明確な根拠なく高い自尊心を持ってしまうと、不安定ゆえに何かのきっかけに不安を感じやすく、自尊心が傷つくのを恐れるがゆえに、自己防御として他者を攻撃したり排除したりしてしまうのです。

†顕在的自尊心と潜在的自尊心

このように近年は、高い自尊心が常に望ましい結果をもたらすことではないと理解されています。特に注目されるのが「不安定に高い」自尊心ですが、これには、顕在的自尊心と潜在的自尊心との間のギャップが影響していると言われています。

自尊心に関する多くの研究が取り扱っているのは、顕在的自尊心です。自分自身が優れていると思うか、魅力的であると思うかなどを直接聞いて、自尊心の高低を判断します。一方で潜在的自尊心は、本人にとって無自覚な自尊心を測定します。例えば、自分の名前に含まれている文字を他の文字より好むかどうか（ネームレター効果）、あるいは潜在連合テスト（Implicit Association Test：ＩＡＴ）[142]と呼ばれる手法で測定します。

潜在連合テストとは、例えば「自分」に該当するような言葉（「日本人」「会社員」など）、その対照となる言葉「自分でない」に該当するような言葉（「○○人（国名が入ります）」「中学生」など）を、「快（好き、美しい）」「不快（嫌い、醜い）」という分類と組み合わせて、画面に次々と現れる文字や絵をどちらに分類するかの反応時間を見るものです。

最初に、「自分」に該当するような言葉と「快」の言葉が組み合わさっているパターンを見ます。例えば、「日本人・好き」というカテゴリーが左上、「○○人・嫌い」が右上に表示されている状態で「自分」という文字が真ん中に表示された場合、どちらのカテゴリーのボタンを押すかの時間を計算します（図4-1）。

次に、「自分でない」言葉と「快」の言葉が組み合わさっているパターンを見ます。「日本人・嫌い」というカテゴリーが左上、「○○人・好き」が右上に表示されている状態で「自分」という文字が真ん中に表示された場合、どちらのカテゴリーのボタンを押すかの時間を計算します（図4-2）。

この際、自尊心が高ければ、例えば「自分」という文字が出てきた時に、自分に該当するような単語（「日本人」）と「好き」が書かれたカテゴリーを瞬時に選ぶことができます。一方、「日本人・嫌い」というカテゴリーが左上に表示された際は、認知的に一致しないので、クリックするのにどうしても時間がかかります。

このように、一致課題（自分と快語が同じカテゴリーに割り当てられている時）の反応時間よりも、不一致課題（自分と不快語が同じカテゴリーに割り当てられている時）の反応時間がより長くなるかどうかによって、潜在的自尊心が高いことを測定することができるのです。

なお日本人の集団では、顕在的自尊心は北米と比べると低いのですが（自分に自信がないと回答する人が多い）、潜在的自尊心は北米とあまり変わらないことが報告されています。つまり、日本人は表向きは謙遜するのですが、本当は自分に対する評価は高い（それほど低くない）という「不安定に自尊心が高い」状態の人が多いのです[143]。

日本の大学生を対象にした研究において、顕在的自尊心が高く潜在的自尊心が低い者は、顕在的自尊心も潜在的自尊心も高い者（安定的に自尊心が高い者）と比べて、自己愛的傾向が強く、内集団ひいきを行う傾向にあることがわかっています[144]。これは恐らく、潜在的に自尊心が高くないがゆえに、自分と異なる集団のことを認めることができないと考えられます。そしてこれ

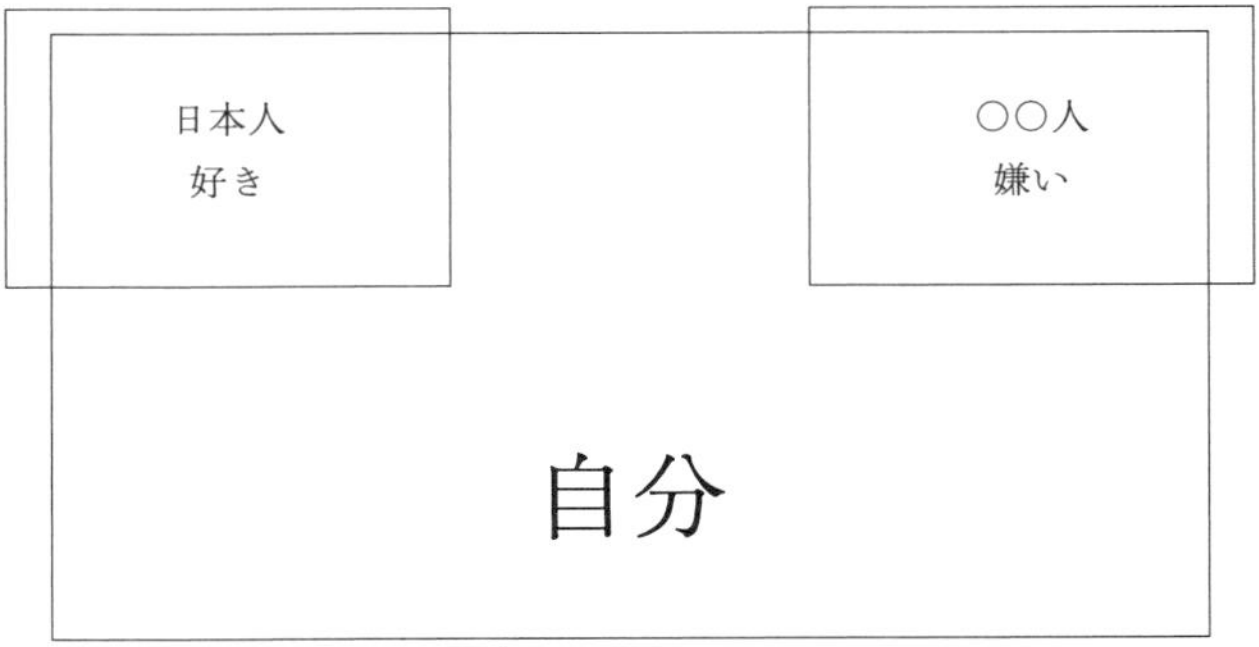

図 4-1　「自分—快」・「自分でない—不快」の組み合わせ
（一致課題）

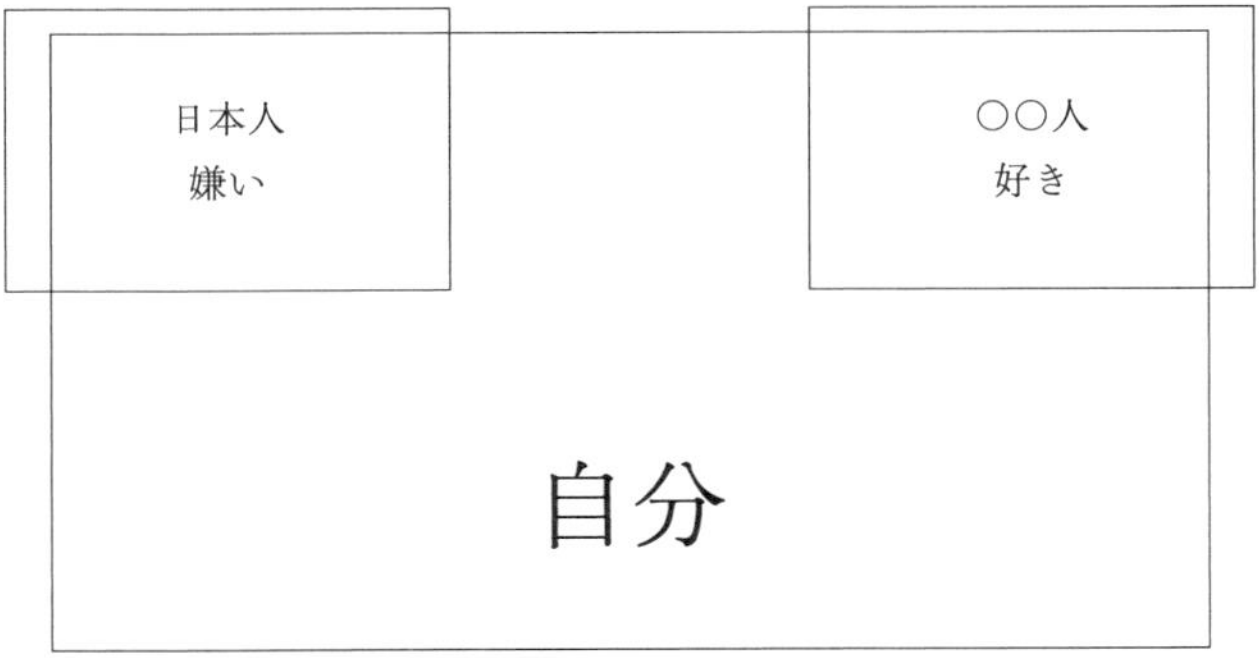

図 4-2　「自分—不快」・「自分でない—快」の組み合わせ
（不一致課題）

が、いじめやパワハラにつながってしまうのです。

†②感情知能が低い

パワハラ行為者の特徴として、「社会適応力（social competence）が低い」ことが報告されています。[24] 社会適応力とは、社会生活を送る上で、特に対人関係を構築する際に必要となる能力のことを指します。

どちらかというと子どもを対象にした研究が多いのですが、例えば社会適応力として代表的なものに、アサーション（自分も相手も尊重しながら自分の意見を表明する）、協調性（他人を助ける、資源を共有する、規則や要求に従う）、共感（他人の気持ちや視点を思いやり尊重する）、責任感（財産や仕事を大切にする）、自己管理（からかいに対して適切に対応する）があげられています。[145]

大人を対象にしたものでは、社会適応力の中でも感情知能（emotional intelligence）に着目した研究が多く行われています。感情知能とは、自己の感情を知覚し、適切に表現し、他者の感情を理解し、自分自身や他人の感情を調整することができる能力のことです。[146] 頭の良さを表す知能指数であるＩＱ（Intelligence Quotient）と比較して、心の知能指数ＥＱ（Emotional Intelligence Quotient）と呼ばれることもあります。

パワハラ行為者は、感情知能が低い、特に感情の中でも怒りのコントロールができないことが多くの研究で指摘されています。[147] そして、そういう上司はたいてい部下を怒鳴るという行為に出ます。自分の感情をコントロールできない、そして相手の感情によって自分の行動や表現を調整することのできない人は、パワハラ予備軍として要注意と言えます。

③自分の言動が他者にどのように影響するか認識できていない

パワハラ行為に至る理由の三つ目は、想像力が乏しいことです。多くの場合、パワハラ行為者は自分がどのような行動をしていて、それが被害者にどのように影響を与えるかについて、驚くほど認識していません。ノルウェーの研究でも、パワハラ事例の四六％に、原因として行為者の無思慮さ（thoughtlessness）が見られたと報告しています。[24]

インタビュー調査[148]によって、パワハラ被害者のほとんどは加害者からの攻撃を、一連の関連ある出来事として捉えているとわかっています。例えば、「先週は上司に舌打ちされた」、「今日は怒鳴られた」と経験すれば、いずれも上司から受けた連続性のあるパワハラであると認識します。そのため、パワハラ行為を受けているのが月に数回でも、「ずっとパワハラを受けている」と感じるのです。

一方で、加害者は、パワハラ行為一つ一つを単発のものと認識する傾向があります。加害者にとって、先週舌打ちしたことと、今日怒鳴ったことは、「別物」なのです。怒鳴った日があっても、次の日に怒鳴らなければ、ダメージはリセットされると考えるため、加害者側は個々の行為を「耐えうるもの」だと判断する傾向にあります。

こういった上司の行為に対し、被害者は最初は我慢するのですが、次第に我慢できなくなり、「やめてください」と言ったり、泣いたりといった反応を示すようになります。[147] しかし加害者は自分の行動を理解していないため、被害者の反応に驚き、「自分はそんなひどいことはしていない、被害者が誇張している、過敏すぎるだけだ、自分には理解できない」等と主張するのです。

これは、事実確認調査で双方の意見が全く嚙み合わないことにもつながります。そもそも行為者は自分がパワハラをしていると認識していません。過去二年間にパワハラで訴えられたことのある管理職一九名を対象にインタビュー調査を行ったオーストラリアの研究[148]では、なんと参加者の九割が「これまで誰に対してもパワハラをしたことがない」と回答しています（一割のみが「ごくたまにパワハラ行為をしたことがある」と回答）。

そして参加者全員が、指摘されたパワハラ行為に対して「合理的なものだった」「管理職としての仕事を全うしただけだ」と説明したと報告しています。[149] この調査結果にも、パワハラ行為者は自分自身の言動が部下にどのようなダメージをもたらすかについて認識できていないこ

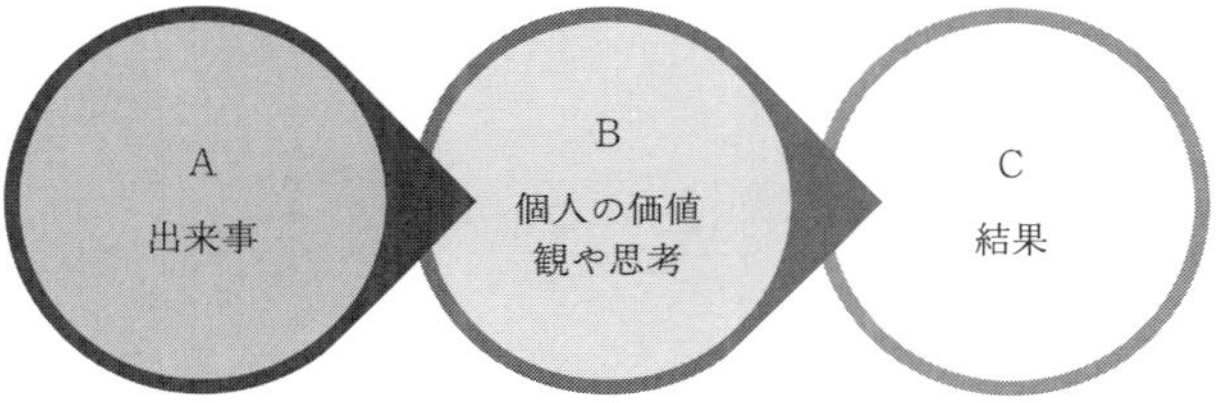

図4-3　ABC理論

とが、如実に表れています。

④他者に対する期待水準が高い

パワハラ行為に至るメカニズムを説明する四つ目は、「期待水準が高い」ことです。前述のオーストラリアの研究[149]でも、パワハラ行為者の多くが、被害者のパフォーマンスに不満を感じて非難や監視を行ったことが報告されています。

なぜ上司の期待水準が高いとパワハラに至ってしまうかについては、アルバート・エリスが提唱したABC理論で考えるのがわかりやすいのではないかと思います。人の感情・気分・行動は、「出来事」から引き起こされるのではなく、個人が持つ思考や価値観（認知）から引き起こされることを表した、論理療法のモデルです。

ABC理論のAはActivating event（出来事）、BはBelief（思考、信念、価値観）、CはConsequence（結果）を示します（図4-3）。例えば、あなたが上司の立場で、「依頼した仕事を、部下が期日までに仕上げてこなかった」という出来事があったとします。その時、どの

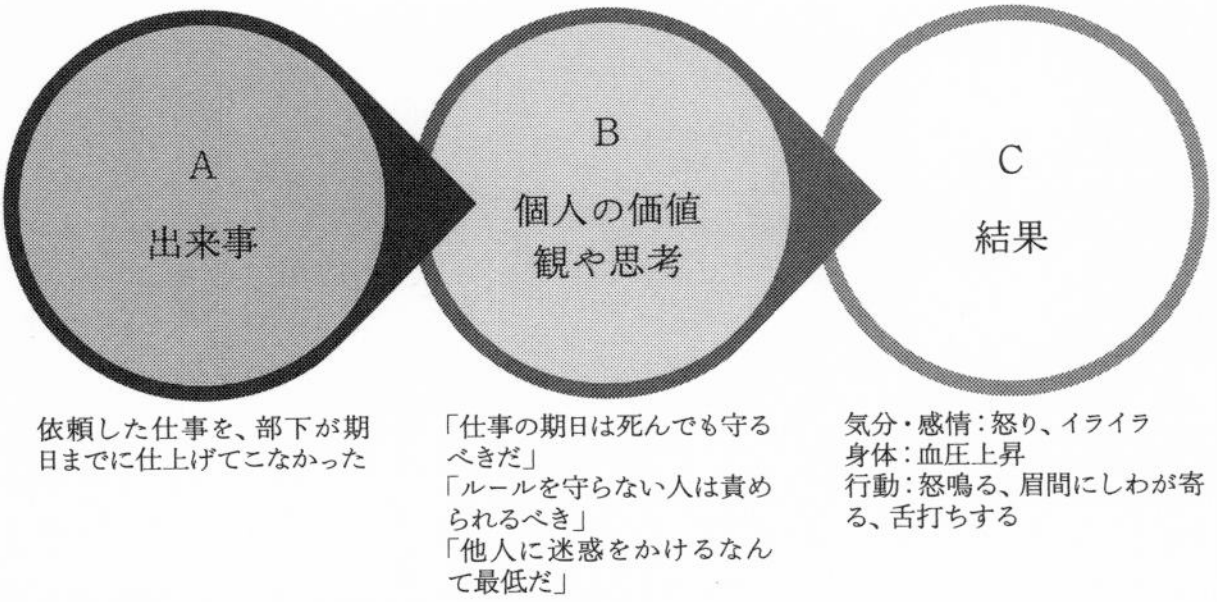
A
出来事
B
個人の価値観や思考
C
結果
依頼した仕事を、部下が期日までに仕上げてこなかった
「仕事の期日は死んでも守るべきだ」
「ルールを守らない人は責められるべき」
「他人に迷惑をかけるなんて最低だ」
気分・感情：怒り、イライラ
身体：血圧上昇
行動：怒鳴る、眉間にしわが寄る、舌打ちする

図4-4　ABC理論（Dさんの場合）

ような思考が頭に浮かび、どのような気持ちになるでしょうか。

ここでは、上司Dさんと上司Eさんのパターンを見たいと思います。Dさんは、「仕事の期日は死んでも守るべきだ」「ルールを守らない人は責められるべき」「他人に迷惑をかけるなんて最低だ」という価値観を持っています。

そのDさんが、「依頼した仕事を、部下が期日までに仕上げてこなかった」としたら、どんな反応になるのでしょうか。おそらく、「何やってる！　仕事を舐めているのか！　なぜ前もって相談しない！」という反応をするでしょう。

仕事の期日に遅れるという、絶対にやってはいけないことを部下がやったので、Dさんの頭の中は「信じられない！　ふざけやがって！」という怒りで支配されてしまいます。そのため、気分・感情は「イライラ」、身体症状としては「血圧上昇」、行動面では「怒鳴る」「眉間にしわが

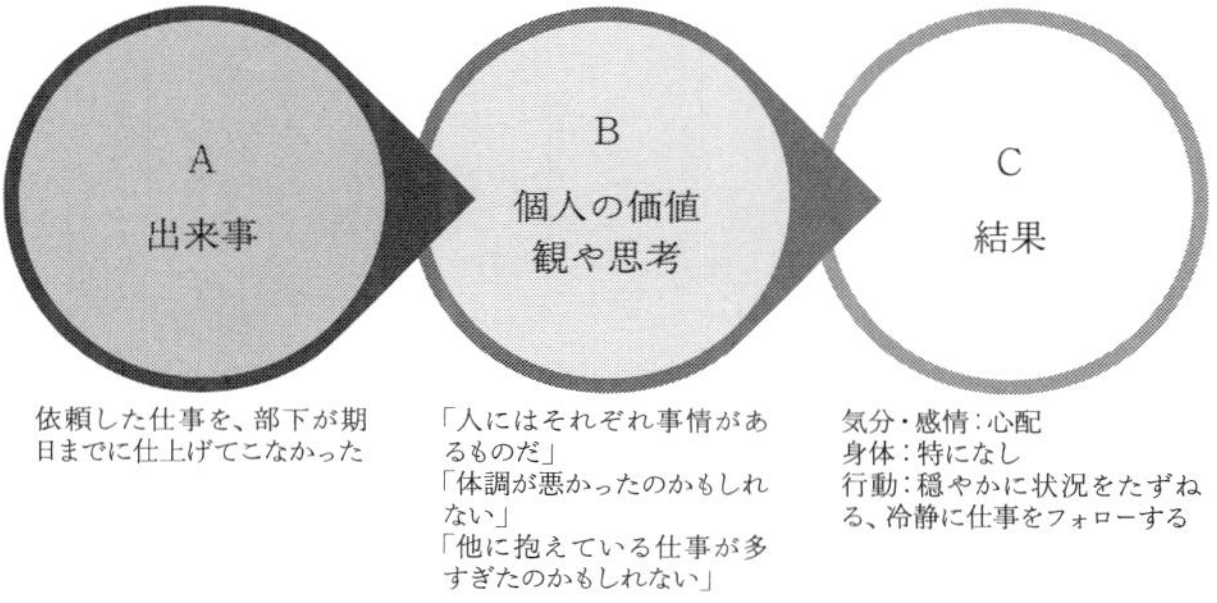
A
出来事
B
個人の価値観や思考
C
結果
依頼した仕事を、部下が期日までに仕上げてこなかった
「人にはそれぞれ事情があるものだ」
「体調が悪かったのかもしれない」
「他に抱えている仕事が多すぎたのかもしれない」
気分・感情：心配
身体：特になし
行動：穏やかに状況をたずねる、冷静に仕事をフォローする

図 4-5　ABC 理論（E さんの場合）

寄る」「舌打ちする」という結果になります（図4-4）。

怒鳴った結果、おそらくその部下は「すみませんでした」と謝り、遅れた理由を言おうとするでしょう。しかし、Dさんは怒りに支配されてしまっているので、部下の言い分に聞く耳を持つことができず、結局真の理由はわからないままになります。

一方でEさんは、「人にはそれぞれ事情があるものだ」という価値観を持っています。Eさんが「依頼した仕事を、部下が期日までに仕上げてこなかった」としたら、どのような反応になるでしょうか。

おそらくはまず、「何か事情があったのではないか？」と思うでしょう。「もしかすると体調が悪かったのかもしれない」と心配するでしょうし、逆に「自分が依頼している仕事が多すぎたのかもしれない」と反省する可能性もあります。そのため、感情面としては「心配」、身体症状は落ち着いているので「特になし」、行動面は「穏やかに状

況をたずねる」「冷静に仕事をフォローする」という結果になります（図4-5）。

こういう話をすると、「それは部下を甘やかしている！」と言われることがありますが、そうではありません。この時点で上司がやるべきことは、「既に期日に遅れている仕事をうまく処理する」「部下がもう一度同じようなミスをしないための対策を立てる」ことだからです。

ここで怒鳴ってしまうと、部下はそれ以上怒られるのを恐れて、本当のことを言ってくれなくなります。その結果、期日に遅れた本当の原因がわからないままなので、もう一度同じことが起きてしまう可能性も高いのです。

上司が怒鳴る→部下が謝る→対策が立てられていないのでもう一度同じミスをする→上司が「前にも言っただろ！」「同じこと何度も言わせんなよ！」と怒鳴る→部下が謝る→もう一度〜という、悪循環に突入してしまう危険性があります。

一方、Eさんのように、冷静に状況を尋ねることができれば、「タスク管理が苦手で、他の業務を優先してしまい手がつけられなかったのか」、「依頼した仕事内容がよく理解できずにいたのに、上司に聞くのを躊躇して進められなかったのか」、それとも「期日を守ることの認識が、そもそも薄かったのか」等の真の原因を明らかにすることができます。

これによって、その部下に合わせた対策ができれば、もう一度同じことが起きる可能性を限りなく低くすることができるのです。どちらが目的達成（依頼した仕事を期限内に仕上げてもらう）のために有効かを考えれば、一目瞭然かと思います。

このように、パワハラ行為の原因となる「期待水準の高さ」「怒り」は、自分自身の価値観から生成されています。これまで私がパワハラ行為者の話を聞いた経験からも、多くは「イライラするのは部下のできが悪いせいだ」と思っています。しかし実は決してそうでなく、上司が部下の能力・キャパシティ以上の期待水準を押し付けていることがほとんどです。

一般的に、自分に厳しい人は、相手に対しても期待水準をあげがちです。努力をするのが当然だと考え、相手がなぜ努力しないのか理解できず、すぐに「怠けている」「やる気がない」と判断する傾向にあります。

つまり、自分に厳しい人、努力をしてきた人、～すべきという価値観を多く持っている人は、パワハラをするポテンシャルが高いと言えます。そのため、一般的に高学歴だったり、いわゆる「仕事ができる」と言われたりする人であるほど、要注意です。他者にも当然のように努力や成果を求めていないか、自問する必要があります。

自分自身の他者への期待水準の高さに気づくには、まず「自分」を知ること、つまり自分がどういった価値観を大切にしているかを知ることが重要です。そして、同時に「その価値観を相手も大切にしているとは限らない」ことを常に念頭に置く必要があります。

†⑤厳格な親タイプ

パワハラ行為に至る理由を探るものとして、エゴグラムを使った検討があります。エゴグラムは、エリック・バーンが提唱した交流分析を基に作られた性格診断テストです。交流分析とは、自分自身の人間関係やコミュニケーションの傾向を知り、対人関係の問題を解消したり、トラブルを回避したりするための心理療法のことを指します[150]。

エゴは自我、グラムは図表を意味し、人の自我状態が図式化されることを意味します。自分自身が現在発現している思考・感情・行動パターンが、過去に自分の親など外から取り入れたものか（親＝Parent：P）、現在の状況に対する自主的なものか（大人＝Adult：A）、過去の自分が子どもの頃に体験したものか（子ども＝Child：C）という三つの自我状態から、現在の自分自身の状況に気付くことを可能にします。

この三つの自我状態は、親、大人、子ども、どの側面が強く出ているかによって、さらに五つのパターンに分類されます（表4-1）。エゴグラムに回答すると、CP・NP・A・FC・ACそれぞれの得点が算出され、得点が高いか低いか、それぞれの項目の関係性があるかを見ていくことで、自分自身の行動パターンをおおまかに把握することができるのです。

例えば、遅刻する人に対しての発言にも、この特徴が表れます。CP（厳格な親）であれば、

分類	解説	特徴
CP（Critical Parent）	厳格な親（父親）	親や養育者と同じように、自分や他人に対して厳しく律する
NP（Nurturing Parent）	優しい親（母親）	親や養育者と同じように、優しく支援・受容したりする
A（Adult）	合理的な大人	今ここでの現実に対応し、計画を立てたり冷静に判断したりする
FC（Free Child）	自由奔放な子ども	子ども時代と同じように、思うまま自由にふるまう
AC（Adapted Child）	従順な子ども	子ども時代と同じように、親の顔色を見て素直になったり反抗したりする

表4-1　エゴグラムによる性格分類

「お前な、遅れてくるってどういうことだよ！　仕事なめとんのか！」と言うでしょうし、A（合理的な大人）であれば「忙しいのは理解していますが、もう少し早く来られますか」と冷静に伝えるでしょう。あるいは、AC（従順な子ども）であれば、「お願いだから早く来てもらえますか。あなたがいないと何もできないんです」という伝え方をするかもしれません。

　このうち、パワハラをする可能性が高いことが指摘されているのが、CP（厳格な親）です。[151]「厳格な親」として自我が強いタイプの人は、「ルールを守りなさい」、「不正をしてはダメだ」と、社会の秩序やルールを守るよう厳しく求める傾向にあります。

　特に、拮抗禁止令（ドライバー）と呼ばれる、幼少期に親から受け取ったメッセージのうち「〜しなさい」など、駆り立てられる指示や命令の影響を強く受けている人は要注意です。ドライバーには具体的に、①「完璧であれ」、②「努力せよ」、③「強くあれ」、④「(他人を) 喜ばせよ」、⑤「急げ」の五種類があります。

「完璧であれ」と思い込んでいる人は、自分に対しても部下に対しても完璧を求めて厳しくなる傾向にあります。「努力せよ」と思い込んでいる人は、周囲に助けを求めずがんばったり、周りにも努力を求める傾向にあります。「強くあれ」も同様です。

「(他人を) 喜ばせよ」と思い込んでいる人も、よかれと思って部下に熱血指導をする傾向にあります。また「急げ」と思っている人は、じっくり仕事に取り組む部下に我慢できず、「なんでもっと早くできないんだ!」とイライラする傾向にあります。

親ポジションにいる人は、周りを「できない人」と見下したり、自分が優れていると考えたりする傾向があります。自分自身が、周囲に対して「厳格な親」のように接していないか、またドライバーの要素を持っていないか、注意する必要があるでしょう。

3 パワハラしやすいタイミングはいつか

†新しくパワーを得た時

パワハラ行為をしやすいタイミングの一つ目は、「新しくパワーを得た時」です。昇進した場合、責任のある仕事を任された場合、出向した場合などが当てはまります。こういった不慣れな場面に置かれた場合、「わからない」「知らない」ことを認めることで自分の権威が失われたり自尊心が傷ついたりするのを防ぐために、相手を攻撃することで自尊心を保つという行動に出ます。

パワハラ行為者の特徴として「自尊心が不安定に高い」ことをあげましたが、自尊心を守るための自己防御が最も発揮されやすい時が、この新しく「パワー」を得た時です。このことは、多くの被害者の証言とも一致します(152)。

特に、自分に厳しい人、努力を当然とする人が「ポジション・パワー」を得て、かつ事業の立て直しや業績回復を求められた場合、パワハラ行為をする危険性が高まります。元々部下に対する期待水準が高いのに加え、こういった大義名分があることで攻撃を正当化してしまうのです。

†ストレスが高い時

パワハラしやすいタイミングの二つ目は、「ストレスが高い時」です。ノルウェーのレストラン従業員二〇七名（上司含む）を対象にした研究[153]で、上司自身のストレス度が高いレストランでは、部下がパワハラを受けていると訴える割合も高かったことがわかっています。また管理職と部下のペア一七二組を対象にしたカナダの研究でも、上司のうつ・不安症状や飲酒量が、それぞれ（部下報告による）パワハラ行為と関連していたことを報告しています[154]。

パワハラ行為を誘発するストレス要因として、役割葛藤や役割の曖昧さ、そして睡眠不足状態があることが報告されています。例えば、二二一五名の労働者を対象にしたノルウェーの別の研究では、パワハラ行為者の多くが役割葛藤や役割の曖昧さに関するストレスを感じていたと報告しています[155]。

役割葛藤は、仕事において矛盾した期待、要求、価値観を感じる度合いのことです。役割の曖昧さは、自分の仕事の状況を予測不可能で明確でないと感じている程度を示します。自分の役割が明確でないと感じたり、自分の価値観と齟齬があるような環境に置かれたりすると、上司の不安が高まり、それがパワハラ行為につながると言えます。

睡眠不足とパワハラ行為との関連は、合計で七六七六一名・八二の研究結果を統合的に検証したメタアナリシスによっても証明されています。[156] 睡眠時間が少なくなるほど、攻撃的行為が増えることが実証されているのです。他にも、上司の睡眠の質の悪さと部下に対するパワハラ行為との関連を報告した研究もあります。[157]

このように、人はストレスを感じたり、不安や葛藤を感じたり、十分に睡眠がとれなかったりすると、他者に対して攻撃的になるという性質を持っています。逆に言えば、上司のストレスを減らす、良質かつ十分な睡眠を取れるようにする、そのために業務量を調整したり、管理職向けのストレスマネジメント研修を実施したりすることが、パワハラ防止に効果的です。

〈パワハラリスク・チェックリスト〉

- □ 日頃、他の人に対してイライラすることが多い
- □ 自分は仕事ができる方だと思う
- □ 努力しない者は、怠け者であると思う
- □ 部下が突然泣いたり、反抗したりして驚くことがある
- □ 時々、不安に駆られることがある
- □ ついカッとなることがある
- □ これまでに、自分の指導がきついと言われたことがある

□ 部下の感情や気持ちがよくわからない
□ 最近ストレスが溜まっていると思う

三つ以上当てはまる場合は、「パワハラを行うポテンシャルが高い」と判断できます。実際にパワハラをしているかどうかはまた別問題ですが、ストレスが高まった時、あるいは不安が高まった時、パワハラ行為をしてしまうリスクがあるということを頭に入れておきましょう。

自分自身の言動を振り返るのは大変ですから、「もし自分がパワハラ的なことをしたら、注意してほしい」と周囲に伝えておくのも一つの方法です。

4 いじめ・パワハラの発生と進行過程

いじめやパワハラの多くは、何らかの些細なきっかけからスタートします。特にいじめは、最初は従業員間の意見の衝突程度だったものが、やがて周囲の人を巻き込み、行為がエスカレートするという性質を持っています。[158]

†神戸市教員いじめ・暴行事件から見るパワハラの進行過程

二〇一九年に、神戸市の小学校で二〇代の男性教諭が三〇〜四〇代の同僚四名から目に激辛カレーを塗られたり無理やり食べさせられたりして、暴行と強要容疑で全員が書類送検される事件が起きました。[159]

非常に悪質な事件ですが、加害者と被害者が一緒に働き始めた初日にいきなりカレーを顔に塗ったわけではありません。最初は些細な「からかい」からスタートしています。加害者側の教員は、障害のある児童のものまねをした際、被害教員が笑わなかったことに腹を立てていじめたとされています。

事件の詳細については、二〇二〇年二月に三名の弁護士（補助調査員も入れると計六名の弁護士）による外部委員会が調査報告書を公表しています。[160] そこでは、過去三年間に行われた一二五項目もの認定されたハラスメント行為が時系列に列挙されており、例えば、主犯格であったA教員（三〇代男性）の行為は下記のような経過を辿っています。

二〇一八年四月：職員室内で腕相撲し、決着がついた後も、被害教員の手の甲を複数回机に叩きつけた。

二〇一八年六月：プール清掃の際に、被害教員の手足を持ってプールに放り投げた。
二〇一八年七月：運動場で、被害教員の頭を後ろからテニスラケットのフレームで叩いた。
二〇一八年八月：多目的室等で、足が臭いと言って靴下を脱がせ、他の教員に嗅がせ、消臭スプレーをその靴下や被害教員の身体にかけた。
二〇一八年九月四日：家庭科室でいわゆる「激辛カレーの会」を開催。被害教員の唇や目の下に激辛カレーを塗りつけた。
二〇一八年九月一〇日：家庭科室内で「第二回激辛カレーの会」を開催。A教員が被害教員を羽交い絞めにして、他の教員がスプーンですくった激辛のカレーを食べさせた。また、被害教員の両乳首に直接激辛カレーを塗り、その後それを洗い流していた最中の被害教員の乳首に直接掃除機を当てて吸った。激辛カレーの会の開催前には、被害教員のふくらはぎにテープを貼り付け、会の終了後にテープを剝がし、被害教員のすね毛を抜いた。
二〇一八年一〇月：被害教員が炭酸飲料を飲んでいる際にペットボトルを押さえつけて一気飲みさせようとし、被害教員の服を濡らした。
二〇一九年三月：送別会の集合写真の撮影の際に、胸ぐらをつかみ頭を押さえ、集合写真に被害教員の顔が写らないようにした。
二〇一九年春：被害教員の車の中で、灰皿代わりに使用していたペットボトルを振り、タバ

順番	段階	内容
第一段階	「不和」の段階	従業員同士に仕事上の意思疎通などに関して様々な意見の衝突が発生する
第二段階	「攻撃的行為」の段階	従業員間に様々な攻撃的な加害行為が発生する
第三段階	管理者層が「加担」する段階	従業員間のいじめに管理者層が巻き込まれるようになる。管理者層がこれらの被害を放置したり、加害者のいじめ行為に加担したりして、被害が一層深刻化する
第四段階	被害者に対する「烙印」の段階	被害者は、今や「気難しい人」あるいは「精神疾患にかかっている人」との烙印を押されて、精神的に追い込まれる
第五段階	組織からの「排除」の段階	被害者は自主退職もしくは無断欠勤等を理由として解雇され、組織から排除される

表4-2　いじめ・パワハラの発生と進行過程(43, 158)

コの吸い殻を含んだ水を車内にまき散らした。

他にも読むのが辛いほどの数々のハラスメント行為（膝蹴りやプロレス技等の身体的攻撃や「くず」「うんこ」と呼ぶ等の精神的攻撃）を行っていますので、これらはあくまで一部分ではありますが、最初は個人的な攻撃だったのが、だんだんと他の教員を巻き込んだ集団攻撃になっていることがわかります。特に、一緒にいじめる仲間を得た「激辛カレーの会」以降、いじめ行為は頻度・内容共にさらにエスカレートしています。

職場のいじめやパワハラの発生と進行過程には、五つの段階があります(43, 158)（表4-2）。どのようないじめも、最初は、ちょっとからかってやろう、とか価値観が違うとか、些細なことをきっかけにスタートします。それが第一段階の「不和」の段階です。

神戸市立小学校の場合は、元々職員室内で私語が多く、かつ平気で「死ね」「カス」などの暴言や、下ネタが飛び交う職場であったとわかっています。また、学年担任と音楽や図工の専科担当の教員との間に確執があったことも報告されています。学年担任の教員が、専科教員が実施する授業に常時参加したり、専科教員を排除して練習会を指導したり、卒業式の曲目が決まっても音楽専科の教員に伝えない等の行為が横行していたのです。

このことから、職場全体が「不和」な状態であったこと、そもそも職員同士で衝突が起こりやすい状況であったことがわかります。いじめが起こる素地が整っていたと言えそうです。

この「不和」の状態の中で、圧倒的な力関係があると、力を持つ者が持たざる者（弱い者）をいじめるという行為が始まります。これが、第二段階である「攻撃的行為」の段階です。

神戸市立小学校の例で見ると、主犯格となったA教員、そしてA教員と同じく二〇一七年頃から度々個人的ないじめ行為を行っていたと思われるD教員（四〇代女性）は、年齢も経験も圧倒的に強い力があり、これが被害教員が逆らえない理由となりました。

なおD教員は、二〇一七年頃から教室で児童の前で被害教員に対し「◇◇（被害教員の姓）先生、にんにく臭っ」「服洗え」「汚い」と言ったり、飲み会の場でグラスを無理やり口に近づけて酒を飲ませたりしていたようです。A教員の行為よりも件数が少なく、内容の深刻度もやや軽いものですが、複数の教員がパワハラをしてしまったことは、他の二名の教員（いずれも三〇代男性）の加担を誘発することにつながったと感じます。

パワハラの第三段階は、管理者層の「加担」です。部下同士、例えば先輩が後輩をいじっている、強いプレッシャーを与えている場合に、管理者がそれを放置してしまったり、止めに入ったりしない場合に進みます。神戸市立小学校の場合も、激辛カレーの会が開催された二〇一八年度の校長は、「プチヒトラー」「絶対的地位」と言われるほど威圧的・高圧的な態度を取っており、教員に対して「死ね」「つぶす」「俺を怒らせたらどうなるか」等の発言があったことが報告書内に記載されています。

校長自身は「被害教員が辛い思いをしていることはおろか、職員室の雰囲気が悪いことすら全く気付くことができなかった」と述べていますが、管理監督者が何も言わないことで、加害行為に対して無言の承認を与えることになるのは、第3章の「放任型」上司に関する説明で触れた通りです。

この段階まで来ると、そこまで酷いことをやられる被害者側にも原因があるのではないか、と思われ始めます。例えば、あの人は仕事ができないから上司の攻撃対象になっているのだ、先輩からいじめられているのだ、などと認識されてしまい、被害者に原因があるという烙印が押されてしまうのです（第四段階：被害者に対する「烙印」の段階）。

その結果、誰も助けてくれず、無断欠勤や協調性の欠如を理由として解雇されたり、組織から排除されたりする段階になります（第五段階：組織からの「排除」の段階）。神戸市立小学校の場合は、被害教員がメンタルヘルス不調によって休職に入り、また動画が流出したことで関係者らが処罰されることになりましたが、もしそれらがなかったら、恐らく被害教員が辞めるまでパワハラ行為が続いていたはずです。

†暴走するパワハラ行為者を止めるのは管理職の責任

報告書内で、A教員はハラスメント行為の動機として「（被害教員を）ビックリさせたかった」「突っ込んでほしかった」等と繰り返し供述するなど、罪悪感のなさが際立っています。また、D教員は日頃から誰に対しても口が悪かったことや、被害教員のプライベートな話題を職員室で大声で話すなど配慮のなさが際立っていたことがわかっており、共感性の欠如が見られます。

パワハラ行為者に典型的な性格傾向を持つ可能性のある人が同じ職場に二名も存在したことが事態を悪化させた可能性がありますが、それらの行為を止められなかった責任は組織及び管理職にあります。

基本的に人は、刺激をどんどん求めていく性質があります。いじめ行為でいえば、ロッカーにあった着替えを隠してその反応を見て楽しんだのであれば、次の日は制服を切り刻んでみる、というようにエスカレートしていきます。いかに初期の段階で介入するかが、重要です。

職場のいじめは、一種の癌細胞のようであり、最初は小さなものでも雪だるま式に急速に大きくなり、組織を破壊してしまうものになると、職場のいじめ研究者であるレイマンも指摘しています。第二段階〜第三段階に行くまでにいかに止めに入るかが、重要です。

報告書には、「被害教員は、赴任した当初しばらくしてから、からかいやいじりの対象となるも、右も左もわからない中で、先輩との関係性を維持しなければ学校でやっていけないと思い、我慢しながら付き合いを継続していた。その間、年度が替わり担当学年等の教員間の関係性が変わっても、いわゆるハラスメントを止めたり是正したりする者が出てきたわけではなく、むしろハラスメントの程度が酷くなっていった」と書かれています。

そして最終的に、「加害教員らの個人的資質の問題に加え、全体的にかかる状況を容認、助長するような空気が本小学校にはあったと結論付けざるを得ない」「管理職が主として作り上げたともいえる職員室全体の雰囲気が、結果として、犯罪といいうる行為を含むハラスメントを防止することができず、一人の教員を精神的に追い詰めるに至ったのである」と結論付けています。

パワハラを止めるのは、その行為者よりもさらに力のある者でないといけません。学校であれば校長、あるいは教育委員会がその立場にありますし、企業であれば上長、あるいは経営幹部がその役目を担う必要があるのです。

5　構造的パワハラ

子どものいじめにおいても、加害者には認知的な特性があること、幼少期に親から虐待やネグレクト（育児放棄）を受けていたこと、家庭内の絆が弱いこと等が報告されていますが[49,161]、近年特に日本では、より構造的な問題（学校という閉鎖的な生活空間、独特な社会秩序の存在、教師の加担等）が影響しているのではないかという論調が増えています[162,163]。

†人が集団である限り、差別や排除は必ず起きる

現代哲学・思想研究者である今村は、「排除や差別は、人々が社会生活を営む限り避けることのできない形で、人間の社会性の根源にどっしりとした根を持つもの、それが排除であり差別である」と表現しています[164]。

日本には、「社会的排除」の例が豊富にあります。歴史的には部落差別や村八分がありますし、近年では在日中国人・在日韓国人へ向けられたヘイトスピーチ、東日本大震災後に全国各地で起きた福島県出身者への差別、都会から田舎へ移住した人への差別（町内会に入れさせずゴミ出しを拒否する等）など、様々な差別・排除が出現しています。

新型コロナウイルス感染症流行時においては、非常に高い感染リスクの中で仕事に従事せざるを得なかった医療従事者が誹謗中傷の対象となることもありました。[165] 日本災害医学会からは、二〇二〇年二月二二日に「新型コロナウイルス感染症対応に従事する医療関係者への不当な批判に対する声明」が出されています。[166]

そこでは、「現場で人命を救うために自分の身を危険にさらして活動した医療者の中から、職場において〝バイ菌〟扱いされるなどのいじめ行為や、子供の保育園・幼稚園から登園自粛を求められる事態、さらに職場管理者に現場活動したことに謝罪を求められるなど、信じがたい不当な扱いを受けた事案が報告されています」と書かれています。これらが人権問題であるとして、学会が強い抗議と改善要求を表明したのです。

本来、称賛されるべき医療従事者に対し、排除の力が強く働いたのは、他国と比べて特異なことです。例えば、英国在住のオランダ人 Anne-Marie Plas によって発案された「クラップ・フォー・ケアラーズ（医療従事者らへの拍手を）」（毎週、決まった時間に自宅の玄関先やバルコニーから一斉に医療従事者に対し拍手したり音を出したりする運動)[167]は英国内で数百万人が参加し、その後世界各国にも広まりましたが、日本では全く定着しませんでした。

私たちが労働者約一〇〇〇名を対象に実施した調査でも、二〇二〇年五月時点で、医療職の九・九%が職場でコロナ関連の何らかの嫌がらせを、そして一〇・八%が患者からコロナ関連の嫌がらせを受けていたことがわかっています。[168]二〇二〇年一一月までの追跡調査結果を見ても、医療職は一般労働者よりもコロナ関連の嫌がらせを受けるリスクが二・三倍、そして患者や患者家族からハラスメントを受けるリスクが二・七倍高かったことがわかっています。[169]

こういった差別をする人々は、極悪人であったり、モラルが全くないわけではありません。むしろ、日常生活では「良い人」であることが多いのです。このことを今村は、「かりに我々一人ひとりが、まことに純度の高い道徳意識を持ち、良心堅固な人間であると仮定したとしても、その〝よき人間〟が、社会生活を営む中で、各人の意図や良心のありようを超えて、他人を排除したり差別したりする」と表現しています。[164]

†ソーシャル・キャピタルとパワハラ

では、なぜ善人が、他者を排除したりパワハラを行ってしまったりするのでしょうか。ここには、日本の社会や職場の凝集性が高いという「構造」が影響していると考えられます。そのメカニズムについて、ソーシャル・キャピタル（social capital）という概念を用いて解説します。

ソーシャル・キャピタルは、ネットワークや規範、信頼などの社会組織の特性のことを指します[170]。社会疫学や公衆衛生学の分野でよく使われている概念で、メンバー同士のつながりが強く、お互いを信頼しており、相互規範が共有されている時に、ソーシャル・キャピタルが高いと判断します。

ソーシャル・キャピタルが高いと、地域に様々な利益をもたらすとわかっています。代表的なのが「非公式な社会統制」や「集団的効力感」です。

非公式な社会統制とは、地域の人々が地域社会の秩序を維持する力のことを指します。凝集性の高い地域では、不審者を見かけた時、あるいは学校に行かずに徘徊したり非行に走ったりしている若者を目撃した時に、地域の大人が介入してくれる場合が多いため、犯罪の抑制や、未成年の喫煙、飲酒、薬物乱用などの予防につながることがわかっています[171]。

集団的効力感は、自己効力感の概念を集団レベルに落とし込んだもので、集合的な行動をとるためにどれだけ皆が一致団結できるかという能力を示します。定期的な防災訓練や、活動的な市民団体やボランティアの存在が、この集団的効力感を高めるとされています。特に大災害が起きた時に、同じような被災状況でも、ソーシャル・キャピタルが高い地域では、そうでない地域と比べて、生存者が多いことが報告されています[172]。

東日本大震災の際の団結力、お互いを支え合う力の強さは、世界的にも話題になりました。実際、東日本大震災後の被災地域に住む高齢者三五六七名を対象にした研究によると、住んでいる地域の団結力が高いと、その場所に住む住民がＰＴＳＤ（心的外傷後ストレス障害）になりにくかったことが明らかになっています[173]。

近年は、職場のソーシャル・キャピタル（workplace social capital）が注目されています。職場の人間関係、つながり、信頼、組織へのコミットメントの程度で測定されるものです[174]。私たちの研究でも、部署レベルでソーシャル・キャピタルが高いと、従業員のワーク・エンゲイジメント（仕事に誇りを持って熱心に取り組んでおり、活力を得ている状態）が高いこと、そして離職意思が低いことと関連していることがわかっています[175、176]。

ただ、団結力が強かったり、同質性が高かったりすることは、異質なものを排除する力の強さにつながります。日本は島国であり、「同じ日本人」として高い同質性が期待される傾向にあります[177]（実際には、個々人の思考の同質性はそれほど均一ではないと指摘されています[178]）。

よくブラック企業ほど「社員は家族です」という標語を掲げると言われますが[179]、あながち間違っていません。社員が家族である、つまり密な人間関係が築かれているというのは、「部外者」だと認識された途端に排除されるリスクも高いからです。

これは「ソーシャル・キャピタルの負の側面（dark side of social capital）」と呼ばれるもので、代表的なものとして「部外者の排除」、「メンバーへの過度な要求」、「メンバーの自由の制約」、「規範の下方水準化」があげられます[180]。

緊密で凝集性の高い組織は、部外者を仲間に入れないことでその連帯を維持する傾向にあります（部外者の排除）。中途社員が入ってきてもなかなか仲間に入れようとせず、入ってきては辞めてしまうような会社が例としてあげられます。また、元から働いている人でも、「和を乱す人」と認定された途端「部外者」となり、排除されることがあります。不正を告発した途端に、組織から排除される構造も同じです。

また、ソーシャル・キャピタルが高いと金銭的、情報的、情緒的支援を受けやすいのですが、その分メンバーの仕事や負担も増えます（メンバーへの過度な要求）。例えば、社員の誕生会をすればプレゼント代が必要ですし、花見・飲み会・コンテスト等イベントが多ければ、その分準備に時間が取られます。

皆で同じことをすることが求められると、個人の自由は制限され、過干渉で多様性を許容しないコミュニティを生み出します（メンバーの自由の制約）。終業後の飲み会、休日に社員運動会への参加を求められたりすることもあります。

また、目立つ人や優秀な人は、和を乱す者として嫌われます。その人の行動を集団の規範に見合う水準にまで抑え込み、引き下げるという力が働きます（規範の下方水準化）。例えば、ほとんどの社員が電卓で計算している職場に、Excel の操作が得意な人が入社してきて「Excel の方がミスもなくて速い」ことを上司に提案しても、「社員が混乱するから」と言って却下し、その社員にも電卓で計算させるようなことが起こります。

このように「メンバーが階層や人種・民族などの面で似たような背景要因を共有しているネットワーク」、つまり同質性が高い場所では、良い影響もある反面、負の影響も起きやすいと言えます。特にパワハラにつながりやすいのは「部外者の排除」ですが、メンバーへの過度な要求や自由の制約、規範の下方水準化によってもハラスメント行為が行われていないか注意する必要があります。

†発達障害者へのパワハラ

日本でよく聞かれるパワハラ事例に、発達障害を持つ人に対するいじめがあります。発達障害は医学的には、自閉スペクトラム症（Autism Spectrum Disorder：ASD）、注意欠陥・多動症（Attention-Deficit/Hyperactivity Disorder：ADHD）、限局性学習症（Specific Learning Disorder）、知的能力障害（Intellectual Disability）等に代表される、脳機能の障害です。脳が不定型に発達していることが原因として起こります。

特にASDは「三つ組の障害」と呼ばれる特徴があります。一つ目は「コミュニケーションの障害」で、言葉を文字通りに受け取ってしまう、相手の発した言葉の中で自分の気になった部分のみに着目してしまう、表現が独特で堅苦しい、一方的に話す等が例としてあげられます。二つ目は「社会性の障害」で、距離感がうまくつかめない、他人への関心が乏しい等の特徴があげられます。三つ目は「想像力の障害」で、暗黙のルールがわからない、協調性が少ない、自分なりの日課や手順があり変更や変化を嫌う等が特徴です。

これらの特徴があるために、ASDを持つ人は「ニュアンスを読み取る」「言語化されていない要求を読み取る」、つまり「空気を読む」ことを苦手とします。上司に「これ、適当に仕上げておいて」等と言われたら、何をどこまでいつまでにやればいいのかわからず、混乱します。また、よく理解できないため質問すると、「そんなこともわからないのかよ!」「何回同じこと説明させるんだよ!」等と怒られてしまうのです。

労働問題に取り組むNPO法人POSSE理事である坂倉昇平氏が書いた『大人のいじめ』[181]という本には、発達障害者へのいじめの多くの事例が載っています。私も、何件か相談を受けたことがありますし、学会で「発達障害であるとパワハラを受けやすいというエビデンスはあるか」と質問を受けたことがあります。

しかし、実は大人の発達障害者がパワハラを受けるリスクが高いことを報告した研究は見当たりません。「職場のいじめ・ハラスメント国際学会」という、第一線の研究者や実践家が世界から集まる学会に一〇年以上にわたり参加していますが、発達障害を持つ人が職場でいじめを受けやすいという話題が出たことは一度もありません。発達障害者がパワハラの標的になるのは、日本独自の現象のようです。

一方で、子どものいじめに関しては、米国の代表サンプル調査で自閉スペクトラム症を持つ一三〜一六歳の児童の四六・三％がいじめを経験したと回答する等、発達障害を持つ児童はいじめを受けやすいことが報告されています。[182] また、発達障害に特化した、学校でのいじめ防止プログラムのガイドブックである『発達障害といじめ』[183]という本も二〇〇〇年代初頭に米国で出版されています。ではなぜ、海外では、発達障害者がパワハラの被害者としてあがってくることがないのでしょうか。

これは、おそらく職場の寛容さと自由さが影響していると考えられます。海外と言っても様々ですが、例えば私が住んだことのある米国を例に取ると、オフィスワーカーの席は一人一人パーテーションで区切られていることが多く、仕事中ヘッドフォンで音楽を聞いたりしていてもほとんど問題になることがありません。

一方で、日本の職場ではどうでしょうか。オフィスには席がずらっと並んで隣同士が近く、プライベートな空間はないですし、ヘッドフォンで音楽を聞こうものなら、上司から「何様だ！」と怒られてしまうのではないでしょうか（私の知り合いの留学生で、「仕事中に音楽を聞けないなんて堪えられないから、日本の会社には就職できない」と言って就職を断念した人がいます）。

このような「全員一緒」「画一的」な職場では、「他の人と同じように行動できない人」が非常に目立ちます。そのために、発達障害者が必要以上に叱責されたり、疎まれたり、からかいやいじめの対象になってしまうのです。これは、日本の文化として子ども時代から根付く横並び主義や、多様性を許容しない職場風土が、構造的にパワハラを誘発しているのだと思います。

発達障害を持つ方は、感覚過敏（または鈍麻）を持つことが多いと言われています。そのため、他者からの視線を遮るパーテーションの設置や、周囲の音を遮断するノイズキャンセリングのヘッドフォンの使用が、落ち着いて仕事をするのに有効であると報告されています。これは、厚生労働省の「合理的配慮指針」にも示されている通りです[184]。

しかし、横並び主義である日本の職場は、このような特別扱いを苦手とします。一人だけを特別扱いしていいのだろうか？　と人事労務部門の担当者は悩みますし、周囲もあまりいい反応をしない傾向にあります。身体障害がある人と違い、発達障害は一目でわかる障害ではないので、「なんであの人だけパーテーションを使用できるんだ！　ずるい！」という反応を引き起こしてしまいます。このような「会社の対応」から来る嫉妬も、構造的パワハラを誘発します。

†日本の全制的施設的職場

子どものいじめに関する著書がある加野氏は、いじめを生み出す組織構造として「全制的施設（total institution）」があると論じています[162]。全制的施設とは、米国の社会学者であるゴッフマンによって提唱されたもので、社会から相当期間にわたって隔絶された閉鎖的空間において、個人が管理された日常生活を送るような施設を指します[185]。

全制的施設は、時間割などによって入所者の生活が統制され、社会化や再社会化が図られることを特徴とします。典型的な例は刑務所や精神病院ですが、学校も構造的に近いですし、職場もまた、刑務所ほどではないとしても全制的施設と似た特徴を持ちます。

日本のほとんどの職場は、特定の場所に集められて長時間拘束され、始業時間と終業時間が決まっており、お昼休みの時間まで決まっているというような、「規則」に則った「集団行動」が求められるという特徴があります。

私は学生の時にある大企業でインターンとして働いていたことがあるのですが、毎日一二時ぴったりに、同じビル内で働く数千人の従業員が一斉に昼休憩に入るのが不思議でなりませんでした。同じビル内にあるレストランもコンビニもＡＴＭも、一斉に混みます。ゆっくり食事もできませんし、一二時から一三時という限られた時間でお客さんをさばき、大量のランチを作らなければならないレストランや店舗も大変です。
日本全体で毎日数千万人が同じ時間帯にお昼休憩を取るというのは、非効率なシステムなのではないかと思いましたが、後になって労働基準法第三四条で一斉休憩の原則が定められていると知りました。

労働基準法第三四条
一　使用者は、労働時間が六時間を超える場合においては少くとも四十五分、八時間を超える場合においては少くとも一時間の休憩時間を労働時間の途中に与えなければならない。
二　前項の休憩時間は、一斉に与えなければならない。ただし、当該事業場に、労働者の過半数で組織する労働組合がある場合においてはその労働組合、労働者の過半数で組織する労働組合がない場合においては労働者の過半数を代表する者との書面による協定があるときは、この限りでない。
三　使用者は、第一項の休憩時間を自由に利用させなければならない。

こういったシステムも、職場の「全制的施設」度合いを高めていると言えます。昼休みを全員同じ時間に取るので、自然に上司や同僚と一緒にご飯を食べに行ったり、買いに行ったりすることになります。そのため、人間関係が密になりやすいのです。さらに仕事終わりに一緒に飲みに行く人々もいて、職場の人間関係はさらに濃密になります。

ソーシャル・キャピタルの説明でも触れましたが、密な人間関係が築かれると、同質性が求められ、それに馴染めなかったり、少し「違った」人がいたりすると、容易にいじめの対象となってしまいます。日本企業はそもそも雇用の流動性も低いので、より固定化された価値観が共有されるのです。

第三者の目があまり入らないこの全制的施設的職場こそが、「うちの社員であればこうすべき」というような独特の風土を生み出し、それに馴染めない人や異質なものを排除するエネルギーになります。例えば、長時間労働が当たり前の会社では、「家族との時間を取ろうとする人」や「体調面の問題で長時間働けない人」が攻撃対象となることがあります。これも構造的パワハラの一種です。

また、独特の規則やルールが多い職場は、それを守れない人が「合法的に」攻撃対象となります。組織の意向に沿っていたり、多くの従業員が賛同したりするようなパワハラは、社会的には問題となっても、組織内では問題にされにくく、それどころか奨励されることすらあるのです。実際、規律遵守や従順さが求められる職場では、パワハラ行為も多く発生することがわかっています。(104、186)

高度に従業員が管理されており、上司や同僚と長時間一緒に働く日本の職場は、実質的に「全制的施設」であると言えます。この組織構造自体が、そもそもパワハラを生み出しやすいことを認識しておく必要があるのです。

6 パワハラを誘発させる職場環境はどのようなものか

パワハラを誘発させる職場環境として、他にどのようなものが報告されているでしょうか。ここでは特に、「要求度やプレッシャーの高い職場」、「役割葛藤・役割の曖昧さがある職場」、「冗談やからかいを容認している職場」、「男らしさが求められる職場」、そして「体育会系職場」に焦点を当てます。

†要求度やプレッシャーの高い職場

職場のストレスモデルで最も有名なものは、「仕事の要求度―コントロールモデル (job demand-control model)」です。[187, 188] 職場の支援の要素を足して、「仕事の要求度―コントロール―サポートモデル（job demand-control-support model）」と呼ばれることもあります。

仕事の要求度とは、仕事で求められる負荷や責任の度合いを示します。どのくらいの技術が必要とされるのか、どのくらいの時間働くことが求められているのか、勤務中にどのくらいの集中力が求められているのか等によって測定されます。仕事の量、あるいは質と呼ばれることもあります。

コントロールは、裁量権や自由度のことです。自分のペースで仕事ができるのか、自分で仕事のやり方を決めることができるのか等によって測定されます。

職場の支援は、上司からと、同僚からの支援によって構成されます。上司はどのくらい相談に乗ってくれるのか、同僚はどのくらい手助けしてくれるのか等によって測定されます。

これらの関係を図にしたのが、図4-6です。仕事の要求度が高く、その上でコントロールが低いと、人は誰でもストレスフルな状況に陥ることがわかっています。さらに、その状況で職場の支援が低いと、さらにストレスフルな状況になり、追い詰められてしまうのです。

実際、仕事の要求度が高くコントロールが低い状態で働いていると、一・八倍うつ病になりやすいことが、約三万人のデータを利用したメタアナリシスで報告されています。[189] うつ病だけではありません。他にも、二〇万人分のデータを利用したメタアナリシスで、仕事の要求度が高くコントロールが低い状態で働くことは、冠動脈性心疾患を発症させることが立証されてい

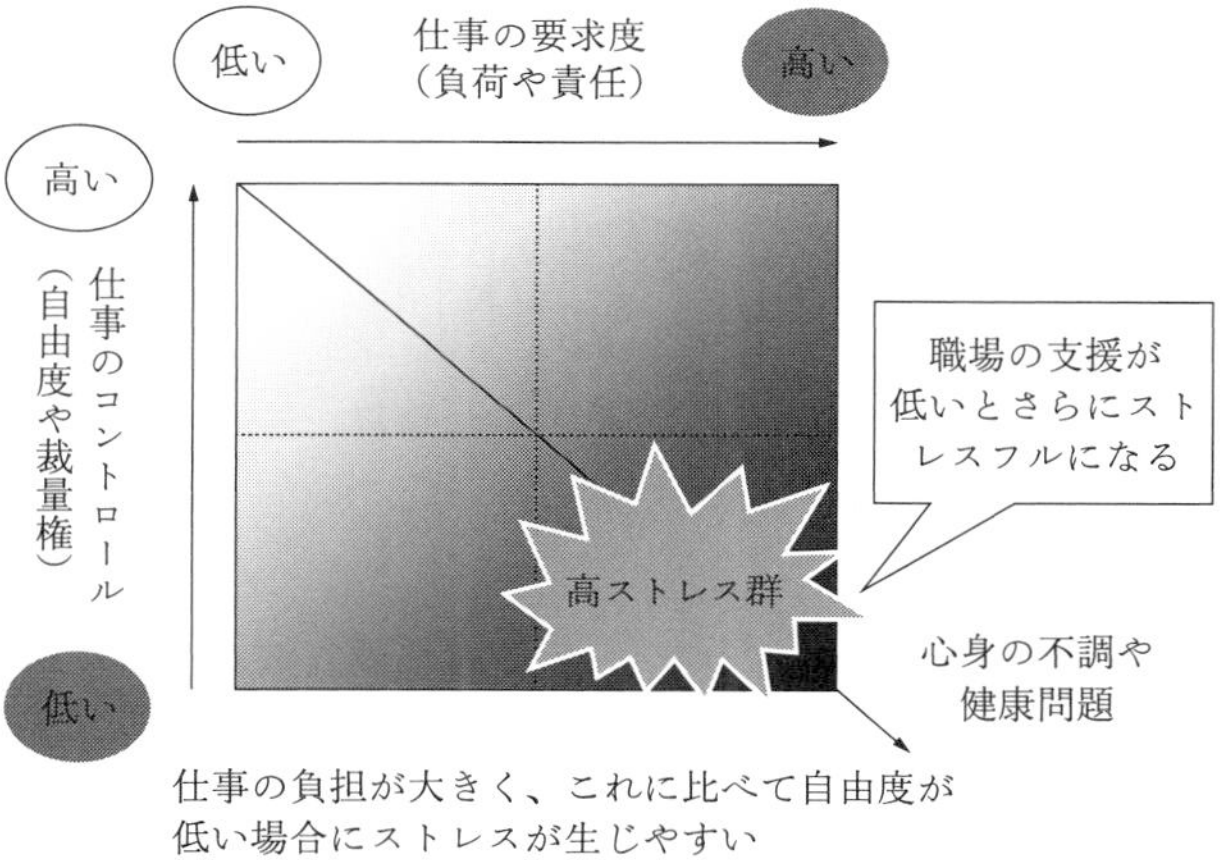

仕事の負担が大きく、これに比べて自由度が低い場合にストレスが生じやすい

図4-6　仕事の要求度―コントロールモデル

ます。[190]

このように、仕事の要求度が高くコントロールが低い状態で働くことは心身に不調をもたらすことが既に証明されているわけですが、実はパワハラも誘発することがわかっています。要求度の高い仕事、プレッシャーの高い仕事に従事している労働者ほど、パワハラを経験しやすいことが、多くの研究で明らかになっています。[98、191-196]また、裁量権の低さも、パワハラ発生の要因となると報告されています。[192、195-197]

そもそも、理不尽な要求の高さ自体がパワハラ行為の一種（過大な要求）でもあることから、これらが関連しているのはさほど驚くことではありません。しかし実際には、過大な要求型以外のパワハラ発生にもつながる可能性があります。

人は余裕がなくなると、他者に対しても余裕を持って接することができなくなります。納期に余裕があればゆっくり相談にのることができても、納期が迫っていたり急ぎでやらなければならない仕事があれば、誰でもピリピリしながら仕事をすることになりますし、些細なミスにもイライラするようになります。

パワハラの訴えがある部署は、恒常的に職場が忙しい、職員全員に全く余裕がない、という状態である傾向にあります。こういった忙しい職場は、従業員同士の衝突を招きます。裁量権があれば、個々人が納期等を調整したり、仕事のやり方を変えたりして乗り切ることができますが、ない場合は、ただひたすら仕事をこなすことしかできず、恒常的に不機嫌な職場となってしまいます。また時に、ストレス解消の方法として、パワハラが選択されることもあります。

パワハラ対策を進めようとする際にも、本来着手すべき業務改善や人員補充等をやらずにただ新しいタスクを押し付ける形で進めてしまうと、管理職や従業員から反発を招いたり、逆効果となる恐れがあります。効果的なパワハラ対策を進めるには、仕事量が多すぎないか、管理職に対してプレッシャーが過度にかかっていないかにも注意する必要があるのです。

また、仕事内容そのものがパワハラを生み出さないようにするという視点も重要です。例えば、パワハラありきの業績評価やマネジメントになっている職場があります。管理職の評価が部署の売上だけでなされる場合、部下をメンタルヘルス不調にしても何もお咎めがない場合、上司は部下をどんどん追い詰めるようになります。これはまさしく、構造的パワハラであると言えます。

日本で導入されているストレスチェック（従業員五〇名以上を雇う事業場は実施が義務）の項目に、職場の要求度―コントロール―サポートを測定する内容が入っています。正確に言えば、ストレスチェックの項目は職業性ストレス簡易調査票（または、新職業性ストレス簡易調査票）という尺度を使用しているのですが、この中に組み入れられているのです。

努力義務となっている集団分析を行えば、部署ごとに職場の要求度とコントロール、サポートの状況を把握することができます。この結果を用いて、パワハラのハイリスク職場を判定することが可能ですので、ぜひ試してみて下さい。仕事の要求度が非常に高いのにコントロールが低い、おまけに上司の支援も低い職場は、パワハラが起きやすい状態になっていると言えます。

†役割葛藤・役割の曖昧さのある職場

本章で既に、パワハラ行為者の多くが役割葛藤や役割の曖昧さ等に関するストレスを感じていたことは触れました。(155) 繰り返しになりますが、「役割葛藤」は仕事において矛盾した期待、要求、価値観を感じる度合いのことで、「役割の曖昧さ」は自分に何が期待されているのかわからないこと、あるいは計画された明確な目標や目的がないと感じている程度を示します。

従業員に役割葛藤や役割の曖昧さを感じさせるような職場でパワハラが増えることは、縦断研究によっても報告されています。[198,199] 職場のルールやシステムが曖昧であるばかりに、パワハラが誘発されてしまった相談事例もあります。

例えばコロナ禍で、消毒作業を誰がいつどこまでやるのかというルールが明確にされていなかった職場がありました。朝一番早く出勤した職員がやっていたため、遅めに出勤する職員が非難されたり、人によってどこまで消毒すべきかの認識が異なっていたため、「念入りに消毒すべき」と主張する職員と「ほどほどでいい」と言う職員とで対立が起きたりしていました。所属長が的確な指示をしなかったため、勤続年数が長い職員が、短い職員をいじめるという構造になってしまったのです。これも、職場の構造が生み出したパワハラです。

また、仕事用具や機器を従業員が共有しているある職場では、ルールが明確でなく、きれいに整理整頓したい後輩と、適当にしまえばよいと考えている先輩との間で対立が起きて、後輩側が「先輩に意見を言うなんて生意気だな」といじめられる一歩手前の状況でした。

仕事用具や機器を共有する場合、どこまできれいに使うべきか、丁寧に使うべきかについて、個人の価値観がぶつかりやすくなります。その結果、従業員同士の葛藤が起きやすく、圧倒的な力の差がある場合はパワハラの発生につながるのです。[191]

このように従業員が「葛藤」を感じるような職場では、パワハラが起きやすいことが報告されています。効果的なパワハラ対策を進めるには、従業員に役割葛藤や役割の曖昧さを感じさせないようにすること、そして明確なルールを作ることが有効です。

†冗談やからかいを容認している職場

二〇二〇年度厚生労働省ハラスメント実態調査では、次のような特徴のある職場で、パワハラを受けた従業員の割合が高いことがわかっています(図4-7)[10]。

- 上司と部下のコミュニケーションが少ない/ない職場
- 残業が多い/休暇を取りづらい職場
- 業績が低下している/低調である職場
- ハラスメント防止規定が制定されていない職場
- 失敗が許されない/失敗への許容度が低い職場
- 遵守しなければならない規則が多い/高い規律が求められる職場
- 従業員間の競争が激しい/個人業績と評価の連動が徹底している職場
- 職場の雰囲気がくだけすぎている/上司が寛容すぎる職場

・従業員間に冗談、おどかし、からかいが日常的に見られる職場
・従業員の年代に偏りがある職場
・他部署や外部との交流が少ない職場
・従業員が男性ばかりである職場
・女性管理職の比率が低い職場

実はこの中で、「ハラスメント防止規定が制定されていない職場」、「遵守しなければならない規則が多い／高い規律が求められる職場[104]」、「職場の雰囲気がくだけすぎている／上司が寛容すぎる職場[191]」、「従業員間に冗談、おどかし、からかいが日常的に見られる職場[200]」という項目は、このハラスメント実態調査の検討委員を務めた私のリクエストで、新たに追加してもらったものです。

いずれも、研究においてパワハラ発生との関連が報告されているものです。日本ではまだこういった職場風土に着目した研究が行われていなかったため調査項目に入れたのですが、すべての項目で、パワハラ被害者の割合が高いという結果が得られました。

この中でも特に注目したいのは、「従業員間に冗談、おどかし、からかいが日常的に見られる職場」です。ユーモアや笑い自体はよいものですが、それを強制すると、パワハラやセクハ

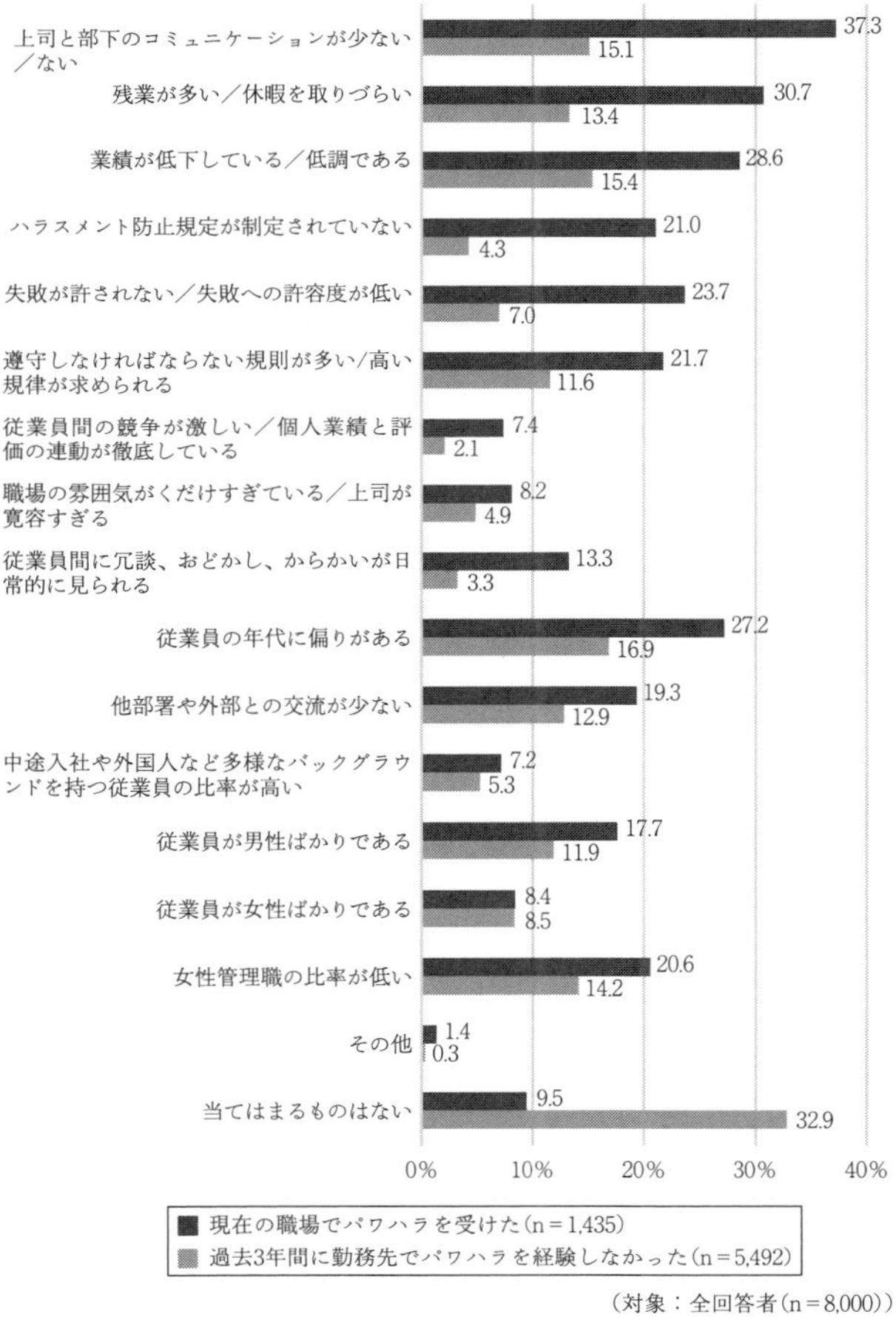

図 4-7　職場の特徴とパワハラ経験（二〇二〇年度厚生労働省ハラスメント実態調査）(10)

ラに発展するリスクが高まります。イベントで男性社員を女装させる、飲み会で裸芸をさせる等もその一例です。

特にこれは男性社会において顕著であり、既に八〇年代から、男性職場では冗談やユーモアが退屈や劣等感を解消するための重要な要素であることが、イギリスのトラック製造工場の男性労働者を対象とした研究で明らかになっています。[201]

神戸市立小学校の教員いじめ・暴行事件でも明らかになったように、従業員間のおどかしやからかいを放置してしまうと、それがエスカレートするリスクを高めます。また、注意したり介入したりするタイミングを逸すると、いざ注意した時に「今までは注意しなかったのに、何で今さら言うんですか」と加害者側から反発を受けることもあります。

時間を置けばますます注意しづらくなるため、日頃から「相手を傷つける可能性が一ミリでもあるのであれば、些細なからかいや冗談も絶対に許さない」という姿勢を管理職が打ち出し、早い段階で注意してやめさせることが重要です。

管理職や指導の立場にある人が徹底的に「からかいの芽」を摘み取ることができれば、深刻ないじめやパワハラに発展するリスクを著しく減らすことができると言えます。

セクハラに関しても、発生が多い組織の特徴として「セクハラを容認する風土があること」と「管理職の女性比率が低いこと」が、メタアナリシスでわかっています。[202] ハラスメントが頻発する職場は、そういった行為を「許してしまっている」「見て見ぬふりをすることで、暗黙のうちに許してしまっている」ことが背景にあることが多いのです。

†「男らしさ」が求められる職場

第2章で有害な男性らしさについて解説しましたが、職場でも男らしい組織文化が存在します。男らしさが求められる組織とは、性役割が明確で「男性がタフで、競争的で、物質的な成功を求める」傾向がある職場です[203]。男らしさ度が高い組織では、男性がリーダーとしてパワーや権限を持つことが良しとされる傾向があります[204]。

そういう組織では、パワハラや他者への攻撃も発生しやすいことが明らかになっています。例えば、オーストリア軍の兵士四四三名を対象にした調査では、パワーが重要視される文化が強い職場ほど、攻撃的行為が多く発生していました[205]。

このような「男らしさ」が求められる職場では、「そうでない者」に対してパワハラが行われやすいことがわかっています。実際、男らしくない行動を行う男性[206,207]や、伝統的な性役割でない仕事をする男性[208,209]が、攻撃対象となっていると報告されています。例えば日本では、育休を取得したり、家族のために転勤を断ったりする男性が、その標的となるのです。

†体育会系職場

相撲業界では、「かわいがり」という言葉があります。これによって死者が出た二〇〇七年の時津風部屋力士暴行死事件では、新弟子として在籍していた序ノ口力士・時太山（当時一七歳）が部屋を脱走したことに時津風親方が腹を立て、弟子に「かわいがり」を指示しました。その結果、他の弟子から集団暴行（通常五分のぶつかり稽古を三〇分、金属バットで殴打等）を受けるに至ったものです。

日本の企業でも、体育会系企業において、「しごく」「試す」名目でパワハラが行われることが珍しくありません。自衛隊では、上司がパワハラ行為を「かわいがり」だと証言したケースがありますし、某有名商社では、新入社員の通過儀礼として「焼きそばハイボールイッキ飲み」や「上司の靴に入れた酒を飲ませる」等の行為が横行していたことが報告されています(210)（後者に関しては、実際に体験した人を知っています）。

焼きそばハイボールイッキ飲みは、上司が飲んでいたハイボールにいきなり焼きそばと卓上の調味料を全部投げ込み、「誰が飲むんだ？」と言って部下に飲ませるというものです。上司の言い分としては、「人間は〝何くそ〟と思った時にもっとも成長する。俺たちはそういう気持ちを持たせてやっているんだ」そうですが、そんな経験は仕事に必要とは思えません。

近年では、日本社会全体が体育会系なのではないかという指摘もあります[211]。子どもの頃から、運動会での組み体操や、部活によって「根性で乗り切る」「辛くても最後までやり遂げる」という忍耐力を身につけるのがよしとされていて、それが社会に出て長時間労働状態になっても、パワハラを受けても、最後まで根性で乗り越えるという精神論につながっているという説です。相談の場でも、あまりにひどい集団パワハラを受けている場合、「今すぐに逃げた方がいいのでは？」と思うことがあります。しかし、ほとんどの被害者は何とか我慢して働き続けようとする傾向にあります。このような人の真面目さが、パワハラ上司の思うつぼになっている可能性があるのは、非常に悲しいことです。

これ以上パワハラ被害者を増やさないためにも、「ハラスメントを決して許さない」という管理職及び組織のトップの強い意志が求められていると言えます。

†パワハラが起こりやすい職場チェックリスト

ここまでの研究結果から、パワハラが起こりやすい職場には特徴が見られることがわかっています。逆に言えば、パワハラが起こりやすい職場を予め把握することが可能です。ここでは、本章で説明した構造的パワハラの要因となるものをチェックリストにまとめましたので、自分が所属する部署や組織にその特徴が見られないか、確認してみて下さい。

三つ以上当てはまるものがあれば、パワハラが起きるリスクがあると判断できます。五つ以上当てはまるとしたら、危険性がかなり高い職場です。

□ 仕事量が多いのに、裁量権が低い
□ 上司や同僚に気軽に相談できない
□ 明文化されていないルールが多い
□ 長時間労働が当たり前の職場である
□ 従順さが求められる
□ 従業員同士の団結力や連帯感が強い
□ 職場のメンバーに多様性がない
□ 役割葛藤や役割の曖昧さを感じることが多い
□ 冗談やからかいが日常的に見られる
□ ハラスメントを容認する風土がある
□ 体育会系の競技出身者が多い
□ 感情を抑圧し、力を誇示することが求められる
□ 上司や先輩の言うことは絶対だ

第5章

パワハラ上司にならないためにはどうすればいいのか

第2章ではパワハラ行為者の六〜七割が上司であること、第3章ではパワハラする上司のリーダーシップ形態の特徴として「脱線型」、「専制型」、「放任型」の三つのパターンがわかっていること、そして第4章では、個人的パワハラの要因として「自尊心が不安定に高い」、「感情知能が低い」、「自分の言動がどのような影響をもたらすのか認識していない」、「部下に対する期待水準が高い」、「ストレスを強く感じている」をあげました。

逆に言えば、「安定した自尊心を持っている」、「感情知能が高い」、「自分の言動がどのような影響をもたらすのか認識している」、「部下に対して適度な期待水準を持っている」、「ストレスにうまく対処できている」、また、脱線型でも専制型でも放任型でもない上司、つまり建設型リーダーシップを発揮している上司はパワハラしにくいと言えます。

そこで本章では、パワハラしない上司の特徴に関する科学的根拠を紹介し、どうしたらそんな上司になれるかについて解説します。

1 「部下と自分は対等な同僚だ」と認識する

†上司が持つ「横柄さ」「傲慢さ」を手放す

第2章で解説した通り、人は権力を持つと横柄になるとわかっています。管理職になると、「本当は思い通りにならないはずのものが思い通りになる力」が手に入ってしまうので、「自分は偉い」「自分には能力がある」「自分には優越性がある」という錯覚に陥るのです。

その結果、「自分は敬われるべき存在なんだから、部下は礼儀正しく接するべき」「自分は上の立場にいるのだから、部下は言うことを聞くべき（部下は自分に従順になるべき）」と思ってしまいます。

この錯覚や思い込みが、パワハラの火種になります。「部下は自分に従うべき」と思っていると、少し違うことをしただけでイラっとしたり、挨拶をしないと「礼儀がなっていない！」と、キレてしまったりします。

逆に、「部下は、自分と対等な立場にいる同僚なのだ」「自分はたまたま、管理業務を任されているだけなのだ」と思えば、こういった横柄さ・傲慢さを手放すことができます。自分と異なる意見を言われても、「なるほど、あなたはそう思うのですね」と受け入れればいいだけです。

同僚同士であれば、一方的に命令するという行為自体が不自然です。同僚に何か仕事をお願いする際は、断られる可能性も念頭に置きながら、相手の負担のないように仕事を「お願い」するはずです。上司が部下に仕事を依頼する際もこれと同じようにすれば、まずパワハラにはなりません。

誰でも、「お前がやるのが当然だ」という体で命令されるよりも、「〇〇さんの経験が生きそうだから、ぜひこの仕事をお願いしたい」と理由をつけて丁寧にお願いされた方が、快く引き受けたくなるものです。「部下は上司の言うことを聞くべき」というような、上から目線でなく、「優越性」「横柄さ」「傲慢さ」を手放せば、パワハラの可能性は低くなります。

†部下が抱えている困難に耳を傾ける

また、「部下（弱者）の立場に立って物事を考える」ことも有効です。例えば、社会的地位が高い人の特権意識に注目したUCバークレーの研究では、「弱者の存在を思い出させる」ことで、横柄な態度が和らぐことがわかっています。[34] 次のような実験です。

まず、被験者に子どもの貧困についての一分弱のビデオを見せ、世の中には困っている人がいることを思い出させます。ビデオを見た後、悩みを抱えた人が目の前に現れます。その時、お金持ちの被験者が見ず知らずの人のためにどれくらい自分の時間を使おうとするか調べたのです。同時に、お金持ちでない被験者が使う時間についても調べ、両者を比較しました。

その結果、子どもの貧困に関するビデオを見たお金持ちは、赤の他人を救うために、貧しい人と同じくらいの時間を割いたのです。つまり、他者に対して寛容になったこと、他者の困難を共感しようとする態度に変わったことを意味します。この研究結果が示すのは、権力を持つ者とそうでない者の横柄さの差というものは、先天的でも絶対的でもなく、慈悲や共感する力に目を向けさせるだけで変化しうるものだということです。

これを職場に応用するには、例えば「部下が抱えている障害や困難を体験してみる」「部下が感じている困難を話してもらう」「仕事の進め方に困っている部下の話をみんなで解決する会を開催する」などが考えられます。そうすることで、「なんでこんなこともできないんだ！」という怒りを感じなくなるかもしれません。

年齢や経験を重ねればより多くの困難に対応できるようになりますし、多少のことにも動じなくなるものですが、経験値の低い場合はそうではありません。時には部下が抱えている困難に意識的に耳を傾けたり、社会の中で困っている人の話を見たり聞いたりすることで、慈悲や共感する力を取り戻すのがいいでしょう。

2　安定した自尊心を持つ

第4章では、不安定に高い自尊心を持っている場合、他者を攻撃することで自己を防御するという反応が起こりやすいことを紹介しました。[135] 過去には、自尊心は高い方がいいという考え方が主流だったのですが、社会心理学者のロイ・F・バウメイスターが「高い自尊心の負の効果」を報告し、それに一石を投じたのです。

では、安定して高い自尊心を獲得するにはどうすればいいのでしょうか。自尊心は、自分が自分自身の価値をどれだけ認めているかという評価です。他者と比べてどうかには関係なく、自分は頭が良い、優れている、魅力的である、愛される存在である等と認識している程度のことを指します。

そのため、何か特別なことをしなくても、自分が自分自身を認めてあげればそれでいいのですが、やはり明確な根拠がないと、不安を感じた瞬間に自信がなくなってしまうなど、不安定なものになってしまいます。

†運動による自尊心向上効果

自尊心を高めるとされている方法はたくさんありますが、その中でも特に、科学的に自尊心を高める効果が証明されているのが「運動」や「筋トレ」です。

例えば、運動習慣のない高齢者を対象にした無作為化比較試験では、研究参加者をランダムに週三回のエアロビクス群（最初は一〇〜一五分／回、慣れたら四〇分／回）と、週三回のストレッチ群（四〇分／回）に分けて半年間の介入を行い、自尊心のスコアがどう変化するかを検証しました。[212] その結果、エアロビクス群・ストレッチ群共に、介入後に自尊心が上昇したことが報告されています。

こういった検証は他でも行われており、例えば中国では高齢者を対象に、太極拳が自尊心をどのように変化させるかを、無作為化比較試験によって検証しています。[213] 参加者をランダムに「半年間の太極拳の運動プログラムに参加する群（介入群）」と「何も変わらず日常生活を続ける群（対照群）」に分けて自尊心の変化を見たところ、介入群では、全般的自尊心や身体的自尊心が上昇したことが証明されたのです。

現役世代で半年間の運動プログラムに参加してくれる人を集めるのは難しいため、研究対象になるのは高齢者が多いのですが、研究結果はどの世代にも当てはめることができます。

なぜ運動が自尊心をあげるのかと言うと、取り組み内容や成果が目に見えてわかりやすく、自分はこれだけできるのだという実感につながりやすいからです。例えば筋トレであれば、最初は腕立て伏せが三回も連続してできなかったのが、三〇回できるようになった、と数値で成果を実感することができます。また、体が引き締まれば、自分の体を鏡で見る度に自尊心があがるでしょう。

自尊心が不安定で、不安や妬みなどのネガティブな感情をよく感じてしまうのであれば、運動して体力をつける、体を鍛えて「魅力的だ」と思える自分になることが近道かもしれません。

3　感情知能を高める

†上司の感情知能が高いと、個人にも組織にも良い影響がある

第4章で説明した通り、感情知能は、自分自身及び他者の感情を適切に「知覚」し、感情を抑えることを含む感情の「調節」を行うことのできる能力のことです(146)。上司の感情知能が高い

ことは、上司個人にも、部下にも、組織の成長・発展にも良い影響があることが、複数の実証研究で報告されています。

例えば、感情知能が高いと、リーダーシップが有効に発揮できること[214]、優れた仕事のパフォーマンスをもたらすこと[215]、そして上司自身の自己効力感を高めることがわかっています[216]。また、日本の看護師を対象にした研究においても、感情知能が高いことと、仕事の生産性、ワーク・エンゲイジメント（仕事に対するポジティブな態度）、クリエイティビティ（創造性）とが関連していたと報告されています[217,218]。

感情知能の高い上司の存在は、組織にも良い影響を与えます。例えば、組織の有効性、サービスの質、優れた従業員の採用や定着、従業員の組織へのコミットメント、モラル、そして健康状態にも寄与することが報告されています[219]。感情のコントロールができる上司は、明るく、熱意があり、前向きで、職場に相互理解と信頼の雰囲気を植え付けることができます[220]。

†感情知能の構成要素

感情知能は、知能指数であるＩＱや生まれ持った部分が大きい性格特性と異なり、生涯にわたって開発することが可能な「コンピテンシー（個人の能力や行動特性）」や「スキル」です[221]。

実際、米国オハイオ州にあるケース・ウェスタン・リザーブ大学のウェザーヘッド経営大学院

	自己	他者
認識	①自己認識力 －感情の自己認識 －正確な自己評価	③社会認識力 －共感 －集団の感情把握
調整	②自己調整力 －感情の自己抑制 －信頼性 －変化への順応性、柔軟さ －主体性	④関係調整力 －コミュニケーション －コンフリクト・マネジメント －ビジョナリー・リーダーシップ －チームワークとコラボレーション

表5-1　感情知能の構成要素

で行われた研究によると、四五歳から六五歳の管理職でも、感情知能の六七％の領域で向上が見られたと報告されています。[222]

感情知能の構成要素は研究者によって異なりますが、多くは共通するものです。[223] ビジネス分野で最も親しまれている構成要素は、心理学者であるダニエル・ゴールマンが分類した四つの主要能力（①自己認識力、②自己調整力、③社会認識力、④関係調整力）ではないかと思います。[224]

本書はゴールマンの分類に沿い、その中で特にパワハラ防止に効果的な要素について解説します。その構成要素を一覧にまとめたのが、表5-1です。なおゴールマンは当初五つの構成要素（自己認識、自己統制、動機づけ、共感性、ソーシャルスキル）に分類しましたが、後にこの四つの構成要素に統合しています。[225]

†①自己認識力

四つのスキルの中で最も重要なのが、「自己認識」です。まず、自分の感情を正確に認識できるようにならないと、それを管理したり制御したりすることができません。特に、感情の中でもパワハラにつながりやすい「怒り」について、生じるタイミングや要因を知ることで自己認識力を高める必要があります。

人の感情の中でも、「怒り」は最もコントロールが難しいものです。ニュース等でも頻繁に、怒りのコントロールができずに悲劇をもたらしてしまった人を見聞きすると思います。カッとなって人を殴ってしまった、カッとなって煽り運転をしてしまった、カッとなって暴言を吐いてしまった……。職場でも、同僚や部下にイライラした結果、暴言を吐いてしまう人がいます。怒りは攻撃性を増大させるという特徴があるからです。

第４章でＡＢＣ理論を用いて説明した通り、同じ出来事を経験しても、それによって怒りが生じるかどうかは個人の信念や思考次第です。人は怒りが生じると「相手が悪い」と思いやすいですが、本当は自分の中にある信念や価値観が怒りを生じさせているのです。そのため、なぜ怒りを覚えたかの原因がわかれば、対策することが可能になります。

自己認識力は、「感情の自己認識」「正確な自己評価」で構成されます[223]。特に重要なのが、「感情の自己認識」です。

†感情の自己認識

自分の中に「怒り」が生じるポイントを知るために役に立つのが、「アンガーログ」という記録です[226]（表5-2）。イライラした出来事があったら、その都度手帳や日記等に書き込んでいきます。その場ですべての項目を書かなくても、まずは「①日時と場所」「②出来事」だけ書き込んで、その日の夜などにその時のことを思い出しながら書いてもかまいません。

「②出来事（事実）」には、「事実」だけを書くのがポイントです。例えば、この欄に「部下が生意気な口をきいた」と書く人がいますが、これは誤りです。なぜなら、「生意気だ」と感じたのはその人の解釈であって、「事実」ではないからです。これを「事実」だと認識してしまうと、「生意気な口をきく部下が悪い」となって、自分自身の思考パターンを認識できなくなります。

自分自身の思考や判断が入らないようにするには、「誰かの行動」だけに着目し、それをただ「誰々が～と発言した」「～の仕事の締切に間に合わなかった」のように淡々と客観的に書くのがいいでしょう。例えば、表5-2がその例です。

事実（誤）：部下が反抗的な態度を取った、部下が自分の挨拶を無視した

事実（正）：部下が「○○」と発言した、自分が「おはよう」と言った時に部下が何も反応

項目	内容
①日時と場所	○月×日（金）午前中、部署内で
②出来事（事実）	部下の○○さんに、金曜日（今日）までに仕上げてくれと伝えておいた仕事の進捗を確認したところ、「はい、やります」とだけ言われた
③その時頭の中に思い浮かんだこと（思考）	・はあ？　「やります」ってなんだ？ ・お前、締め切りは今日だぞ？　もうできてて当たり前だろ？ ・今からやろうとしてんのか？ ・今まで何やってたんだ!?　仕事なめとんのか!?
④感情	怒り（70/100）、落胆（30/100）
⑤自分の中にあった期待や価値観	【期待】 ・締め切り前日から慌てて仕事するのではなく、余裕を持って仕事に取り組んでほしい ・上司から進捗を聞かれたら、詳細な状況を答えてほしい 【価値観】 ・余裕を持って仕事を終わらせるのは、社会人として当たり前 ・部下は進捗を自ら上司に共有すべき

表5-2　アンガーログの記入例

しなかった

「③その時頭の中に思い浮かんだこと（思考）」には、頭に浮かんだ言葉をそのまま書きます。「④感情」には、怒り以外に他の感情も書くのがポイントです。そしてそれらが一〇〇点満点中何点くらいの強さだったのかを書きます。

この時、「怒り」以外に書かれた感情が、あなたの怒りを引き起こした別の感情である可能性があります（一次感情とも言われます）。

最後に、「⑤自分の中にあった期待や価値観」を書きます。一次感情（記入例の場合は「落胆」）を見ながら、「なぜ自分はこの時落胆したのだろう」「部下にどうしてほしかったのだろう」を考え、自分の中にあった相手への期待を書き出します。

最初は、自分の信念がどのようなものかわかるのに時間がかかるかもしれません。「信念・期待」を書き込むのは、一日の終わりに冷静になってから行うのがいいでしょう。

「⑤自分の中にあった期待や価値観」には、自分自身の信念や仕事観が反映されます。例えば、「部下が目を見て挨拶しない」と怒りを感じた人には、「部下は目を見て挨拶すべきだ」という信念があります。また、「部下の報連相が遅くてイライラする」という人には、「部下は言われなくても積極的に報連相すべきだ」という仕事観があります。

こういった相手への期待や価値観の中で、特に「〜すべき」「〜なはず」「当たり前」「普通」「常識」という言葉は要注意です。信念として自分の中で大切にするには全く問題ないのですが、それを他者に押し付けるとパワハラにつながりやすいからです。当たり前や常識は、人によって違います。自分の当たり前や固定概念を他者に押し付けていないか、確認するといいでしょう。

イライラした時は、自分の信念や価値観に気付くチャンスだと言えます。人は自分の期待が裏切られた時に、怒りという感情を覚えるからです。逆に言えば、「〜すべき」という信念や、他者に「〜してほしい」という期待をほとんど持っていない人は、怒りを感じる機会も少ないのです。

では、すべての信念や期待を手放せばいいのか、と思うかもしれませんが、その必要はありません（もちろん、極端な信念は手放した方が人生を楽に生きられることもあります）。私はむしろ、個人の信念や価値観、特に仕事に対するものは、生活に支障がないものであれば大切にしてほしいと思っています。自分がどういった信念を持っているか、価値観を大切にしているかを知って、まずは自分自身を認めてあげてほしいのです。

というのも、個人が持つ信念は、その人がこれまで組織内で昇進したり、仕事をうまくこなしたりするのに役立っていたものであるはずだからです。それを否定してしまうことは、自分自身の仕事のやり方・生き方を否定することになりますので、その必要はないと思います。

しかし、その信念や価値観を人に押し付けることは避けるべきです。自分がそれを基に成功を収めたとしても、部下にとっても「正解」になるとは限りません。

パワハラ行為者（上司）のほとんどが、価値観や信念を一方的に部下に押し付けたがために、訴えられています。自分の価値観は大切にしてほしいのですが、「部下にとって、その価値観が正解かどうかはわからない」「自分が大切にしている価値観を、相手も大切にしているとは限らない」ことを常に念頭に置くことが大事です。

†正確な自己評価

「自己認識」には、自分の感情の認識と、それが仕事のパフォーマンスにどの程度影響を及ぼすかを理解することも含まれます。例えば、自分が怒っていることを認識しても、その表情や態度が自分の仕事にどう影響するのか（集中できなくなる等）、そして他者にどのように影響するのか（部下が恐怖を感じる等）まで想像することができないと、その感情は制御すべきものかどうかが判断できません。

また、自分自身の強みと弱みについて認識することは、自己認識の中の「正確な自己評価」につながります。平均的な労働者の多くが、自身の強みを過大評価する傾向にあると報告されています。(224) 例えば三六〇度評価において、上司が「（自分自身は）できている」と評価する項目の多くを、部下は「（上司は）できていない」と答えることが報告されています。

正確な自己評価を行うには、他者からフィードバックを貰うことが欠かせません。自分自身が「できていないところ」「改善できそうなところ」はどこかについて、周りに聞いたりすることが、正確な自己評価に役立ちます。

自分自身の日頃の行いについてフィードバックを貰うのは、非常に勇気がいることです。また、良好な関係が構築できていないと、本音で評価してくれないかもしれません。日頃から何か指摘された際・反論された際に素直に受け止め、「言ってくれてありがとう」と感謝の気持ちを示すことが重要です。

基本的に、役職が高くなればなるほど、周りの人は本音を言わなくなります。上司の不出来な部分を指摘することは、目上の人を重んじる文化のある日本では、礼儀正しくないこと（＝避けるべきこと）と思われているからです。そのため、上司の方から「指摘してほしい」「言ってほしい」というメッセージを定期的に発信しなければなりません。

日頃から、「私の言動や指導方法で、何か不快に思ったことや、こうしてほしいということがあったら言ってくださいね」と定期的に伝えておくのがいいでしょう。

［感情の自己認識力を高める方法］

- 感情、特に「怒り」を感じた時に、「日時と場所」「事実」「思考」「感情」「自分の中にあった期待や価値観」を記録する
- 「怒り」の裏にある一次感情や、自分自身の信念・価値観・期待を知る
- 自分の信念や価値観を人に押し付けることはやめ、自分の中だけで大切にする
- 「自分ができているところ」「自分ができていないところ」について、上司・同僚・部下からフィードバックを貰う（貰ったフィードバックは否定せずに受け止める）

・リラックスしながら、自分の感情を観察する

†②自己調整力

自己調整力は、「感情の自己抑制」「信頼性」「変化への順応性、柔軟さ」「主体性」の要素から構成されます。(224)

†感情の自己抑制

自己調整の第一歩は、「感情の自己抑制」です。ストレスの多い状況でも動じない、敵対する相手にも暴力を振るわずに対処できることを指します。怒りを感じた時に、それをすぐに表出しないことがその一歩目です。

最初はとにかく、我慢するしかありません。例えば、「1、2、3……」と数を数えて、冷静さを取り戻す訓練をします。それでも怒りを抑えられない場合は、一旦その場から離れ、トイレに行ったり外の空気を吸ったりして、気分をリセットするのがいいでしょう。そうやって怒りを抑制できた成功体験を積むことができると、より自信を持って感情の自己抑制に取り組めるようになります。

「イライラ」「怒り」への対処として、私自身が実践し、よく管理職研修で伝えていることが

あります。

人は、一度「あいつはだめ」「あいつはできない」「あいつは生意気」等とネガティブな印象を持ってしまうと、無意識のうちにその印象に合致した言動をさらに探してしまい、「やっぱりあいつはできない奴だ」等と決めつけてしまう性質があります。そしてこれが、さらなるイライラの原因になってしまうのです。

それを防ぐために有効なのが、別の思考オプションを予め用意しておくことです。「あの人はだめな人だ」「仕事ができない人だ」と思うことがあったら、次回からこう思うようにして下さい。「あの人はだめなのではない。①（その仕事の）やり方を知らないか、②（その仕事が）苦手なのか、③何か事情があるのだ」と。

私の経験上、相手にできないことが見つかった際、ほぼすべてでこの三つのパターンのいずれかに当てはまります。意外にも、年齢を重ねている人であっても、「①やり方を知らない」のパターンに当てはまることは少なくありません。そのため、常に①の可能性を念頭に置いておくと、イライラせずに済みます。具体的にどの部分が「知らない」「わからない」のか、丁寧に観察したり話を聴いてみるといいでしょう。

一方、方法を既に教えている（知っている）のにまだできていない場合は、恐らく「②苦手」か「③何か事情がある」パターンです。

人には、どうしても「苦手」なことがあります。時間管理が苦手な人、緻密な作業が苦手な人、人前で話すのが苦手な人……人それぞれです。まずはどの部分が「苦手」なのかを観察したり聞いてみたりして、その「苦手」が克服できるものなのかを探ります。そして克服できそうであれば、一緒に方法を考えたり、指導方法を工夫しましょう。

しかし、人と接することが苦手な社会不安障害（いわゆる対人恐怖）を持っていたり、忘れ物や不注意が多い注意欠陥多動症を持っていたりと、克服できないレベルで「苦手」な場合もあります。

その時は、その人にその作業や業務をさせるのは諦めて、他の得意なこと・苦手でないことをやってもらい、他の従業員に割り当てるという調整も必要です。部下全員に同じように仕事を振り分けるのではなく、特性にあった配分をする方が、上司・部下双方に余計なストレスがかからずに済みます。

最後の可能性は、「③何か事情がある」場合です。例えば、体調が悪い、他に抱えている仕事がある、家庭の負担がある等が考えられます。事情が何であるかは、本人に直接聞いてみないとわかりませんが、「何か事情があるのかもしれない」と思うだけでも心の落ち着きを取り戻すことができます。

こういった「他の考え方」が思いついたら、アンガーログにも書き込みます（表5-3）。そして、その別の考え方を頭に思い浮かべた時に、自分自身の感情がどのように変化したかを観察し、メモしておきます。どうしても別の考え方が思い浮かばない場合は、他の人の意見を聞いてみるといいでしょう。

このやり方は、認知再構成法（認知行動療法の一つ）をベースとしたものです。近年、認知行動療法を使用したアンガーマネジメント（怒りの管理方法）が多く実施され、その効果も検証されています。例えば、成人の男性犯罪者を対象にしたメタアナリシスによると、認知行動療法に基づくアンガーマネジメントが暴力行為の再犯リスクを二八％減少させたことが明らかになっています[227]。

認知行動療法に基づくアンガーマネジメントは、青少年、大学生、虐待親、一般成人等の他の集団においても、怒りの減少に効果を示しています[228]。つまり、アンガーログを使用した怒りの自己管理方法は、非常に強固なエビデンスのある方法なのです。

†感情の自己調整力に関わる他の要素

「信頼性」は、自分の価値観や信念、意図や感情を相手に伝え、一貫性のある行動をとることです。信頼性のある人は、自分の過ちに対して率直であり、それについて他者と向き合うことができます。この能力が欠如していると、一貫性のある行動がとれないため、部下を混乱させたり、信頼が得られなかったりします。

こういったことを防ぐためには、「自己認識力」のところで行った感情の振り返りをして、自分の価値観を認識することが重要です。「自分はこのような価値観を大事にしている。そのため、部下に対しても○○を期待してしまう」等と率直に語ったり、イライラしている時に話しかけられたら「ごめん、今少しイライラしているから、後でもいい？」と感情を開示したりして、自分自身の気持ちと行動に一貫性を持たせると、理解が得られやすくなります。

「変化への順応性、柔軟さ」は、新しい情報に対してオープンであり、古い思い込みを手放し、既成概念に囚われない思考ができることを意味します。リスクや変化を嫌う上司は、革新的なアイディアを台無しにしたり、市場の変化への対応が遅れたりするため、感情知能も低いと判断されます。

変化への順応性や柔軟さを向上させるためには、どのような価値観を他者が持っているのか聞いてみるのもいいでしょう。特に、自分とは異なる属性（性別、世代、業種、職種、職位等）の人に話を聞く習慣を作ることが重要です。

「主体性」は、問題が起こる前に先回りして行動することや、誰も重要性を認識できていないうちに積極的に機会を利用することを意味します。主体性がない人は消極的で、第3章で取り上げた「放任型」リーダーシップのように、部下に対しても組織に対しても悪影響を与えます。

項目	内容
①日時と場所	○月×日（金）午前中、部署内で
②出来事（事実）	部下の○○さんに、金曜日（今日）までに仕上げてくれと伝えておいた仕事の進捗を確認したところ、「はい、やります」とだけ言われた
③その時頭の中に思い浮かんだこと（思考）	・はあ？　「やります」ってなんだ？ ・お前、締め切りは今日だぞ？　もうできてて当たり前だろ？ ・今からやろうとしてんのか？ ・今まで何やってたんだ!?　仕事なめとんのか!?
④感情	怒り（70/100）、落胆（30/100）
⑤自分の中にあった期待や価値観	【期待】 ・締め切り前日から慌てて仕事するのではなく、余裕を持って仕事に取り組んでほしい ・上司から進捗を聞かれたら、詳細な状況を答えてほしい 【価値観】 ・余裕を持って仕事を終わらせるのは、社会人として当たり前 ・部下は進捗を自ら上司に共有すべき
⑥別の考え方	・何か事情があるのかもしれない ・今日中に終わらせてほしかったが、いずれにせよ月曜にしかチェックできないなら土日にやって貰えばいいのかもしれない
⑦気分の変化	怒り（10/100）、落胆（10/100）

表5-3　アンガーログの記入例（続き）

これは、感情知能に対しても同じことです。感情をコントロールする主体性は自分にあるのだと認識し、積極的に取り組むことが重要です。この主体性は、周囲との関係を築くためにも重要なことです。[229]

自分自身や人生の出来事に対してコントロールできているという意識が強い人は、仕事のストレスに直面しても、怒ったり、落ち込んだりすることが少ないと報告されています。[230] 自己管理力をあげれば、結果的にイライラする機会が減るのです。

†感情の自己調整力を高める方法

日本で、大手製造業とそのグループ会社に所属する従業員五〇名を対象に、感情知能の向上を目的とした丸一日の参加型研修を実施した研究があります。[231] その結果、自己感情を識別できるようになったことが、感情の制御及び利用に影響を与えていたこと、そしてそれが、上司と部下との関係性にも好影響をもたらしたことがわかりました。

感情の自己調整力を高める方法としては、下記があげられます。

- 怒りを感じた際は、数を数えたりその場を離れたりして「制御」する
- 「怒りの感情を抑えることができた」成功経験を積む
- イライラを感じた相手が、①（その仕事の）やり方を知らない、②（その仕事が）苦手、③何

か事情がある、のいずれかに当てはまるか考える
・「別の考え方」をアンガーログに書き込む
・感情的におだやかに部下指導できている人を観察して、「こうやればいいのか」というヒントを得る
・自分の価値観、意図、感情を部下に率直に伝える
・古いやり方や価値観を手放し、新しい価値観やアイディアを受け入れる
・自分の感情は自分で処理するという主体性を持つ

†③社会認識力

社会認識力は、簡単に言えば、「他者（個人と集団）の感情を正確に認識すること」です。具体的には、「共感」や「集団の感情把握」から構成されます。他者の声のトーンや顔の表情といった非言語的な情報を拾い感情の流れを読み取ることで、部下指導や顧客獲得にも良い影響をもたらすとされています。

「共感」は、社会認識力の中でも最も重要な要素です。人との関わり合いを重視する仕事においては特に重要です。例えば、患者の感情をよく理解できる医師は、そうでない同僚よりも治療に成功しやすいこと、[232]小売業者においては共感スキルが高いことが売上と相関していたと報

告されています。[233]

部下との関わりにおいても同様です。上司が共感的関わりをしてくれると、部下が「この職場は心理的に安全な職場だ」と認識すると報告されています。[234] そして共感力を上げるために必須のスキルが、「積極的傾聴」です。

積極的傾聴は、「相手の話を、相手の立場に立って、相手の気持ちに共感しながら理解しようとすること（共感的理解）」、「相手の話を善悪の評価、好き嫌いの評価を入れずに聴くこと。相手の話を否定せず、なぜそのように考えるようになったのか、その背景に肯定的な関心を持って聴くこと（無条件の肯定的関心）」、そして「聴き手が自分の気持ちや疑問を率直に伝えること（自己一致）」の三条件から構成されます。[235]

管理職の方から相談を受けると、ほとんどの人が驚くほど部下の話を聞いていません。例えば、部下との関係について悩んでいると相談を受けた際、「その部下の方に、どう感じているか直接聴いてみましたか？」と聞くと、誰も答えられないのです。

もちろん、日々の業務が忙しいというのもあると思いますが、だからこそ傾聴を意識しないと、部下の感情の変化や密かなニーズに気付くことができず、部下との溝を深めてしまいます。

一五分打ち合わせの時間があれば、そのうち一〇分は部下に話してもらう心持ちでいないといけません。しかし現実には、一五分のほとんどを上司が喋り倒し、「わかったな」「はい」で終わることが大半です。

傾聴のスキルを上げるためには、訓練が必要です。まずは部下の話を五分間黙って（相槌だけして）聴く練習をしてみて下さい。その際、実際に時間を計測してみるのがいいでしょう。たった五分間なのに、何度も口出ししたくなったことに驚くはずです。同時に、五分でもかなりの情報が得られることにも気付かれると思います。

「集団の感情把握」は、集団における感情や政治的現実の流れを読み取る能力のことを指します。例えば、社員全体に悲壮感や不安感が漂っているか、あるいは生き生きとしたエネルギーが漂っているか、そして感情的に周囲を振り回す人はいないかどうかを注意深く観察することは、上司としてどのように部下と関わったらいいのかを判別するのに役立ちます。

［社会認識力を高める方法］

・五分間、口を挟まずに話を聴く
・相手の立場に立って、気持ちに共感しながら理解しようと努める
・善悪、好き嫌いの評価を入れずに聴く
・自分と相容れない意見や考え方をしていても、なぜそのように考えるようになったのか、その背景に関心を持って聴く

・組織の中でどのような感情を持っている人が多いのか、何人かに聞いてみる

†④関係調整力

関係調整力は、「コミュニケーション」「コンフリクト・マネジメント」「ビジョナリー・リーダーシップ」「チームワークとコラボレーション」等の要素から構成されます。(224)

ここで言う「コミュニケーション」は、感情的な情報のやり取りを効果的に行い、困難な問題にも率直に対処し、よく話を聴き、情報の共有を歓迎する姿勢のことです。明確なコミュニケーションのラインとオープンな雰囲気づくりは、組織の成功に欠かせません。良い知らせだけでなく、悪い知らせにも耳を傾け、感情的にならないように健全な対話をすることが求められます。

「コンフリクト・マネジメント」は、問題（意見の対立や衝突）が発生したときにそれを察知し、関係者を落ち着かせるための手段を講じることです。ここでは特に傾聴と共感のスキルが求められ、コンフリクトが発生している状況を正確に把握し、最終的にWin-Winの状況を作り出すことが求められます。パワハラ防止に対しても、コンフリクト・マネジメントは必要不可欠なスキルです。(236)

というのも、管理職の時間の二五〜四〇％が、不満を抱えた経営層、上司、顧客、同僚、部

下とのコンフリクトに費やされ、生産性を大きく蝕んでいると報告されているのです。[237] 一方で、コンフリクト・マネジメントが適切に行われれば、チームの団結力や生産性が高まることがわかっています。[238]

従業員間のいじめの発生を抑える効果もあります。今後職場の多様性がさらに求められる状況では、コンフリクト・マネジメントのスキルは、ますます重要となっていくでしょう。

「ビジョナリー・リーダーシップ」は、ビジョンやミッションに対する熱意を明確にし、必要に応じて前に進み、責任を持たせながらパフォーマンスを導き、模範を示してリードするリーダーシップ形態のことです。上司の感情は部下に伝染しやすいからこそ、高いポジティブなエネルギーを発揮することが必要です。

例えば、リーダーがポジティブであればあるほど、部署内のメンバーはよりポジティブで、有用で、協力的になることがわかっています。[239] また、上司が生き生きと働いていると、それが部下にも伝染することがわかっています。[240]

関係調整力の最後の要素は、「チームワークとコラボレーション」です。チームのメンバーは、良くも悪くも感情を共有する傾向があるとされます。[241] チームメンバーが良い気分でいるとその部署のパフォーマンスが向上すること、そして上司のポジティブな気分や態度は、従業員の定着率と業務効率を高めることがわかっています。[239]

[関係調整力を高める方法]

・部下の率直な意見を歓迎する、オープンな雰囲気をつくる（コミュニケーション）

・部下同士の価値観のぶつかり合いには、傾聴と共感によって、双方がWin-Winの状況を作れるように介入する（コンフリクト・マネジメント）

・自ら熱意を示し、ポジティブなエネルギーを持つようにする（ビジョナリー・リーダーシップ）

・チームのメンバーが良い気分でいられるようにサポートする（チームワークとコラボレーション）

4　ストレスにうまく対処し、体調を整える

誰でもストレスを強く感じていると、他者に対して余裕を持った対応ができません。パワハラ行為の原因として、上司のストレスや睡眠不足、飲酒量があることは、第4章で説明した通

りです。

ストレス反応には、身体面、心理面、行動面の三つの側面がありますが、「イライラする」というのも、その一つです。他にも、心理的ストレス反応には「やる気が出ない」「今まで楽しめていたことが楽しめない」「喜びが喪失する」等があります。

行動面のストレス反応としては、「お酒が増える」「タバコの本数が増える」「食べ過ぎる（あるいは、食欲がなくなる）」「買い物しすぎる」「ギャンブルにのめりこむ」等があります。自分がストレスを感じた時によくする行動があれば、それをバロメーターにすることができます。

身体面のストレス反応としては、頭痛、めまい、不眠、肩こり、倦怠感、動悸、消化不良、胸やけ、関節痛、充血、耳鳴り、喉の痛み、腰痛、下痢、便秘、発疹などがあります。こういったストレス反応は、人によっても異なります。自分がストレスを感じた時、あるいは疲れた時にどのような症状が出やすいかを把握しておくことが重要です。そして、それが出た時には○○をする、と対処法をセットで決めておくといいでしょう。

ストレスへの対処で一番重要なのは、「溜めないこと」「吐き出すこと」です。マッサージに行く、お風呂にゆっくりつかる、ジョギングする等、自分が心地よいと感じる対処法をいくつか用意しておいて、「ちょっと疲れたな」と感じるレベルで意識的に対処しておくと、それ以降の体調の悪化を食い止めることができます。誰かに話す、泣く、笑う、歌う、ＳＮＳでつぶやくなど、小まめにエネルギーを放出することも有効です。

私もチームの一員として作成に関わった「うつめど。」というWebサイト[242]では、自分でできるメンタルケアの方法を紹介しています。無作為化比較試験[243,244]において、うつ病に関する知識の向上、抑うつ症状の改善、そしてワーク・エンゲイジメントの向上が実証されたサイトです。作成は二〇一〇年と少し古いですが、セルフケアの方法は普遍的なものですので、今でも十分に使えます。

うつ病に関する基礎知識のほかに、ストレスをもたらす思考を変える認知再構成法や、構造化問題解決法、リラックス法、コミュニケーション法としてアサーション等が載っています。

コロナ禍では、Stay at homeでもできる心のケアのために、「うつめど。」と同じく東京大学大学院医学系研究科精神保健学分野のチームが作成したWebサイト「いまここケア」が公開されました[245]。マインドフルネス、行動活性化、身体活動、睡眠の質改善についての情報が載っており、その効果は労働者一二〇〇名を対象にした無作為化比較試験によって検証されています[246]。

検証の結果、効果は小さいものの、「いまここケア」を見ることは心理的ストレス反応を減らし、新型コロナウイルス感染症に対する恐怖を減らすことがわかりました。いま現在大きなストレスを抱えていなくても、対処法を知っておくことは必ず役に立ちます。ぜひ覗いてみて下さい。

5　世代間・文化間のギャップを認識する

人の価値観は、時代によって変わります。地域によっても差があり、国が違えばさらに差も鮮明になります。しかし、同じ会社で長く働いていたり、同じような年代の人とばかり付き合っていたりすると、その変化やギャップに気付かないまま時が経ってしまいます。

その結果、「脱線型」上司になってしまったり、変化を嫌う抵抗勢力になって早期退職の対象になったり、古い価値観の押し付けがパワハラだとされてしまうのです。そうならないようにするには、常に情報や価値観をアップデートし、多様性を受け入れ、思考を柔軟に変化させていくことが求められます。

†上司世代と部下世代のモチベーションギャップ

上司世代と部下世代には、仕事に対する考え方に大きなギャップがあります。例えば「仕事に何を望みますか？」と聞かれたら、あなたはどのように答えるでしょうか。

株式会社カーナープロダクトが上司層（四〇～五〇代中間管理職）三〇〇名、部下層（二〇～三〇代の現場で顧客を持つ営業マン）三〇〇名を対象に調査した結果で、そのギャップが浮き彫りになっています（図5-1）[247]。

まず上司世代を見ると、仕事をする理由の第一位は「やりがいや達成感（三二・七％）」、第二位は「出世、役職、ポジションの獲得（二三・七％）」、第三位が「生活の基盤づくり、給与アップ（二〇・三％）」、第四位が「自社の事業成長の実感や、自社への貢献（一三・〇％）」、第五位が「顧客からの評価や感謝（一〇・三％）」という結果でした。第一～三位を見ると、「自分のために仕事している」と回答した人が多いことがわかります。

一方、部下世代を見てみるとどうでしょうか。第一位が「顧客からの評価や感謝（四七・〇％）」、第二位が「社内での存在価値や役割（二一・〇％）」、第三位が「仲間や家族からの評価（一二・七％）」、第四位が「社会貢献（一二・三％）」、第五位が「出世、役職、ポジションの獲得（七・〇％）」と、「誰かに認められたい・ほめられたい」を仕事のモチベーションとしていると回答した人が圧倒的に多かったのです。

よく「昔はパワハラなんて日常茶飯事だった」「俺たちは耐えてきた」という話を聞きますが、なぜその時代を過ごした人がパワハラに耐えられたのかと言うと、「自分のやりがいや達

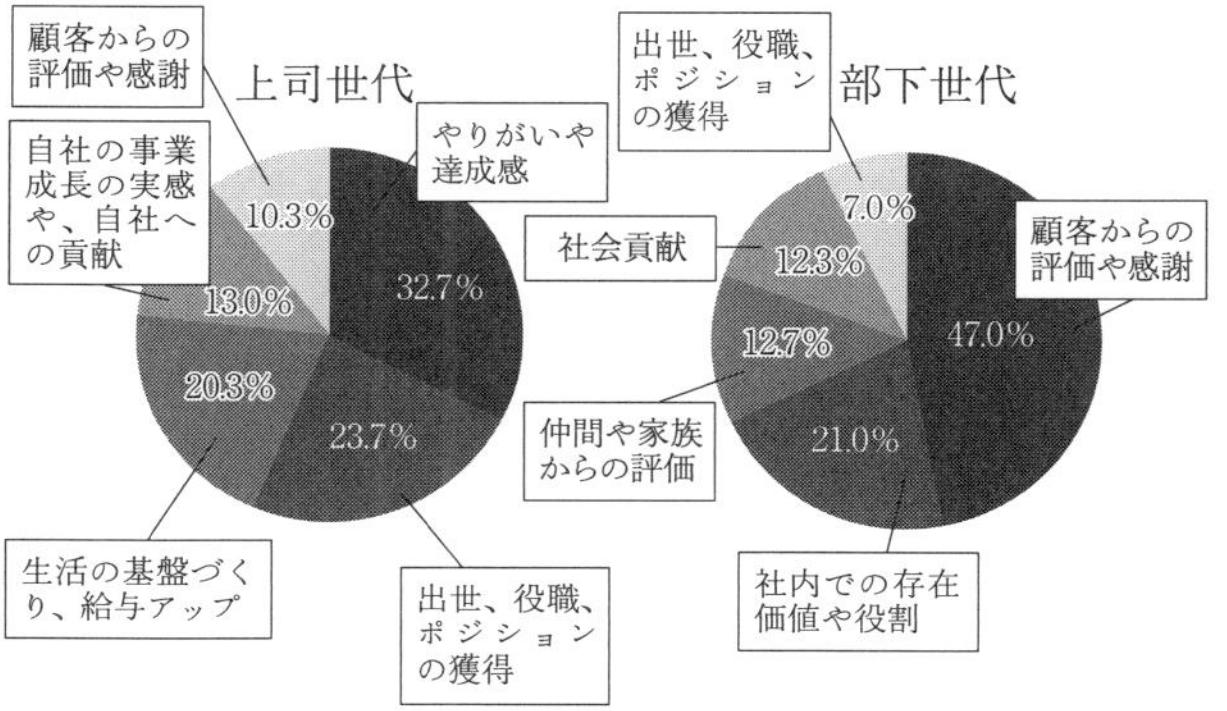

図 5-1　上司世代と部下世代のモチベーションギャップ[247]

成感」を最も重視していたからです。上司が自分のことをどう評価しているかよりも、どうしたら出世できるか、どうしたら給与がアップするかの方に関心があり、パワハラを耐えた後には昇進及び給与アップが約束されていたため、乗り切ることができたのです。

一方で、今の若い世代はどうでしょうか。自分自身のやりがいや給与アップよりも、「認められたい」という想いが強く出ているため、上司から叱責されたりすることと自体が大きなストレスになってしまいます。また、給与アップにも期待できないどころか、大企業でも倒産したり吸収合併されたりすることが珍しくない現在、今勤めている会社が一〇年後も存在しているのかさえ疑問です。上司からのパワハラに耐えた後の未来が全く見えない状況で、耐えられるわけがないのです。

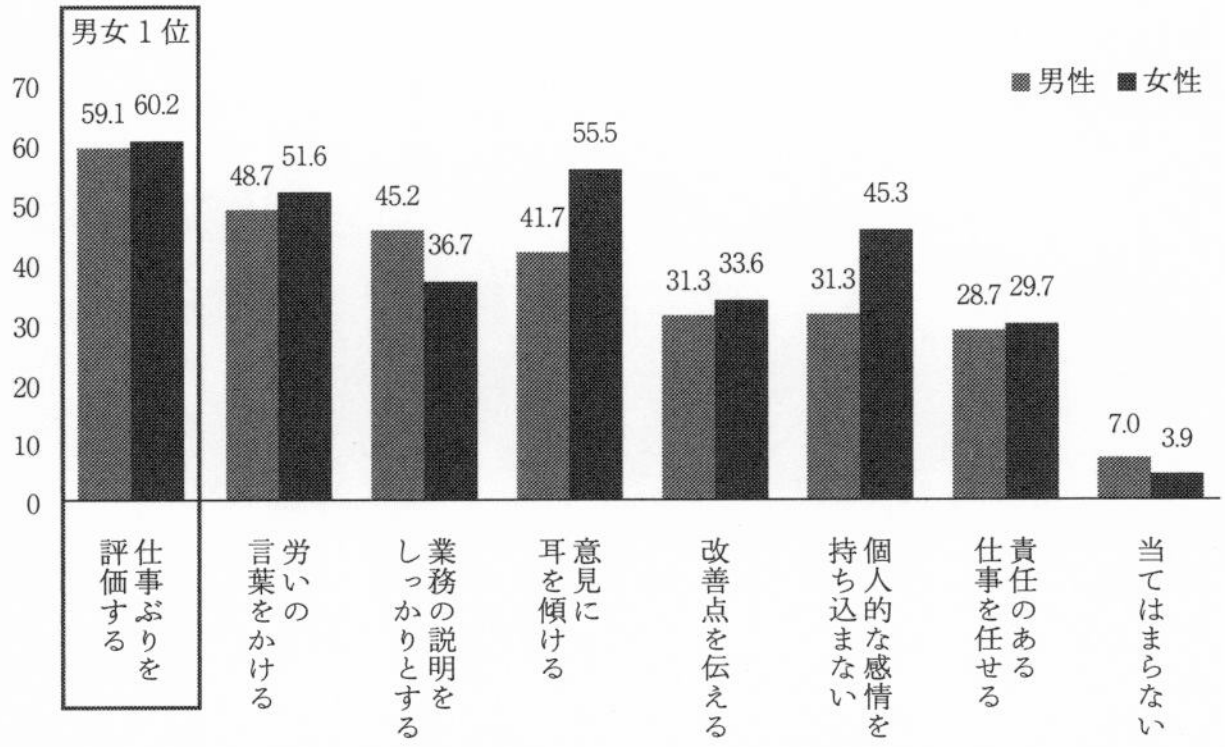

図5-2　仕事に対するモチベーションがあがる上司の行動

†部下世代は「承認」を求めている

部下世代が「承認」を求める傾向が示されたのは、この調査だけではありません。東京未来大学が二〇一九年に発表した、転職経験のない新卒三年目の男女三〇〇名を対象とした調査[248]でも、同様のことがわかっています。「仕事に対するモチベーションがあがる上司の行動は何ですか？」と聞いたところ、男女ともに一位だったのが「仕事ぶりを評価する」、そして男性の第二位が「労いの言葉をかける」、女性の第二位が「意見に耳を傾ける」でした（図5-2）。

なぜ、部下世代は「承認」を求める傾向にあるのでしょうか。決して部下世代が「甘えている」のではなく、実は「承認されたい」「自分を認めてほしい」というのは、人の根源的な欲求の一つなのです。「マズローの欲求五段階説（要求階層説）」を聞いたことのある人は多いと思います。動機づけの理論としてよく知られているもので、人間の基本的な欲求として、相互に関連し合う階層関係を持つ五つの目標（生理的欲求、安全の欲求、所属及び愛情欲求、尊重・承認欲求、自己実現欲求）があるとしたものです（図5-3）[249]。

　生理的欲求は、空腹、喉の渇き、眠気などの生命の維持に関する欲求を指します。それが満たされると、人は次に安全の欲求（戦争、犯罪、天災、疾病などのない世界で暮らしたいという欲求）を求め、その次に所属及び愛情欲求（友人、恋人、家族などの他者と愛情に満ちた関係を持ち、集団に所属したいという欲求）を求めるようになります。

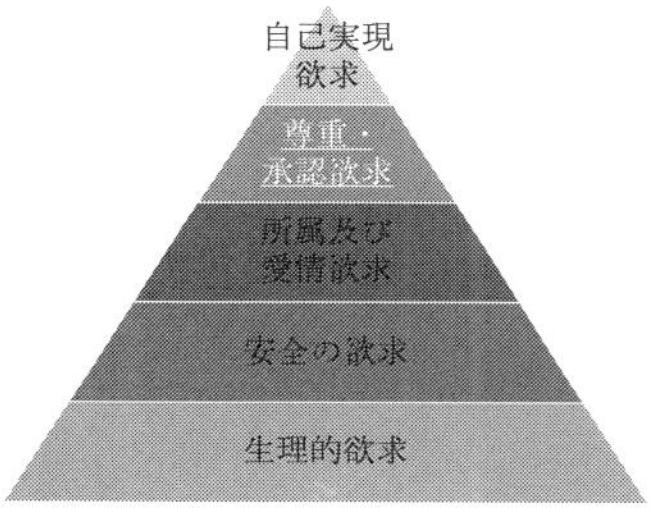

図5-3　マズローの欲求五段階説

　日本で生活している従業員であれば、ほとんどの場合入社時点で少なくとも生理的欲求、安全の欲求、所属及び愛情欲求が満たされています。しかし、尊重・承認欲求と自己実現欲求は多くの場合、満たされた状態ではありません（学生時代からコンテストで入賞したり、稼いでいたりと何か達成したものがある場合は、既に満たされていることもあります）。

　尊重・承認欲求は、自尊心、強さ、業績、熟練、資格、独立と自由など自分自身への高い評価と、名声、地位などの他者から尊敬されることに対する要求を指します。この欲求が満たされるには、社内で上司や同僚から高い評価を得たり、自分自身が納得するような業績を積んだりすることが必要不可欠です。

そして尊重・承認欲求が満たされて初めて、さらにその上の欲求である自己実現欲求（自分にしかできないものを成し遂げたいという欲求や、自律性、創造性）を求めることができるようになります。つまり、自分はこの会社にいてもいいのだ、と感じることができて初めて、自分の意見を言ったりアイディアを出したり事業を提案したりすることが可能になるのです。

よく、上司層が「〝何か意見があれば言ってみろ〟と部下に言っても、何も意見がでてこない」と嘆いていますが、これは部下の尊重・承認欲求を満たせていないからかもしれません。「自分の意見を言っても否定されるのかもしれない」「〝こんなことも知らないのか？〟と怒られるかもしれない」と感じていれば、誰も意見など言えません。

また、パワハラ等のハラスメントは、人の基本的欲求である「認められたい」という気持ちを根本的に打ち砕くものです。逆に、「自分に関心を寄せてくれている」「自分のことを気にかけてくれている」と感じられていると、人はモチベーション高く仕事に取り組み、多少の困難も乗り越えられるのです。

†日本人労働者と外国人労働者のギャップ

日本で働く外国人の数は、増え続けています。二〇二一年一〇月末現在の外国人労働者数は一七二万七二二一人で、前年比二八九三人増加し、二〇〇七年に届出が義務化されて以降、過去最高を更新しました。[250] このような状況下で、日本の当たり前（「社長の言うことを聞くのは当たり前」「上司に文句言わずに仕事をするのが当たり前」）が外国人には通用しない、という場面が増えています。[251]

二〇二二年二月、生キャラメルで知られる株式会社花畑牧場（北海道中札内村）のベトナム人労働者が、寮の水道光熱費の値上げに抗議して休業し雇い止めされたことに対し、処分撤回を求め牧場に団体交渉を申し入れるという出来事がありました。

花畑牧場で働いていたベトナム人は、給料から寮の水道光熱費として毎月七〇〇〇円を支払っていたそうです。しかし二〇二一年一〇月に一方的に値上げされ、二〇二二年一月には倍以上の約一万五〇〇〇円になりました。

これに抗議するため事実上のストライキを行ったところ、牧場側から元の金額に戻すと連絡があったのですが、二〇二二年の二月、ストライキに参加していないベトナム人も含めた四〇人に三月一五日付けでの雇い止めを通告。うち四人を出勤停止七日間の懲戒処分とした上で、「他の従業員を扇動して生産ラインを止めた」としてそれぞれに五〇万円、計二〇〇万円の損害賠償を請求した、というものです。[252]

さらに、社長の発言を断片的に切り取って情報発信したなどとして、ベトナム人三人を名誉毀損と信用毀損の疑いで告訴しました。

しかし、ベトナム人三人と交わした「労働条件通知書」と入管当局に提出した「雇用条件書」で契約期間が異なっていることが明らかになり、世間から批判を受けた結果、同社は謝罪した上で、損害賠償請求や告訴を取り下げ解決金を支払うことを約束し、その後和解に至りました。

同社はホームページで「外国人労働者の受け入れ実績が浅く、至らない点があった。深く陳謝する」とコメントしましたが、合理的な説明なく寮費を上げる、事前に提示していた条件と異なる条件で雇用する等の行為は、外国人であることに関係なく許されないことです。

しかし、このように敢えて「外国人労働者である」ことを理由にあげるのは、裏を返せば、日本人労働者であればこんなことは起きない、と言っているように聞こえます。

確かに日本は、ストライキが非常に少ない国です。例えば二〇二一年に行われた半日以上のストライキ（同盟罷業）は、日本全国でたった三二件、参加した労働者は七二二人しかいません。[253] 日本で雇用されている労働者は二〇二一年時点で五九七三万人もいますので、その内の〇・〇〇一％しかいないのです。

一方で、例えばイギリスでは、ロンドンの主要な交通網である地下鉄でさえ、数カ月ごとにストライキ（予告含む）を行っています。ストライキは「団体行動権」として日本国憲法で認められている労働者の権利なのですが、日本では、労働者の権利を行使する人が少ないのです。日本は和を重視し、会社に文句を言わず忠誠心を見せる人が評価されるため、ストライキを実施しにくい環境にあるのかもしれません。

†日本の職場で「当たり前」に行われていることが、外国人にとってはパワハラとなる

「文句を言わない日本人労働者」とばかり仕事をしていると、労働者を守るという感覚が麻痺し、経営者や上司が不当な要求をしてしまうことにつながります。

以前、マレーシアの研究者から、「マレーシア版職場のいじめ尺度(254)を作ったから、ぜひ日本でも使ってほしい」と言われて、日本語に翻訳してみたことがあります。しかし結局、それを使うことはありませんでした。項目内容が日本の職場の「あるある」過ぎて、「これを使うと、ほぼ一〇〇％の職場でパワハラがあると判定されてしまうだろう」と思ったからです。

例えば、その尺度には下記の項目が含まれています。

・職務外の仕事をするよう求められる

・職務内容とは無関係の不必要な仕事をするよう求められる
・過度な量の仕事をするよう求められる
・賃金なしで時間外労働をするよう求められる
・他の同僚がするべきであると思われる仕事をするよう求められる
・指導・助言なしで働くよう言われる
・締め切りを守るよう強いられる
・手助けなしに一人で働くよう言われる
・何か間違っていた時に、不当に非難される
・正当な理由なしに、叱られたり小言を言われたりする

いかがでしょうか。中にはサービス残業の強要など違法なものもありますが、強要せずとも、就業開始前に掃除をしなければならない、制服に着替えておかなければならない、等の「暗黙の了解」や「ルール」によって、賃金なしでの時間外労働をするよう求められることは、日本の職場ではまだまだ多いのではないかと思います。ましてや、締め切りを守るなんてことは「社会人として当然のこと」で、「それが守れない人は責められてしかるべき」と思っている人が多いのではないでしょうか。

しかし、日本人にとっては（麻痺してしまって）違和感がないようなことでも、外国人にとっては「不当である」と感じる行為であることを認識しておく必要があります。日本では「パワハラ」だと認定されないレベルの行為が、他のアジア諸国、例えばマレーシアでは「いじめ」「パワハラ」だと認識されてしまうのです。

現在、外国人労働者の数は増えていますが、外国人にとって働きやすい環境でないことがわかれば、どんどん日本から逃げ出していくかもしれません。日本の出生数は年々減り続けており、毎年の出生数よりも死亡数が上回っている状態のため、日本の人口は既に「減少段階」に突入しています。

出生数が減っているということは、つまり、これから労働者の数が激減するということです。実際、一五歳以上の労働力人口は、二〇一七年から二〇四〇年までの間に一〇〇〇万人以上減ると予測されています。[255] 人手不足に陥った多くの会社がつぶれ、産業が衰退していき、国としても荒廃していくという未来が現実になるのも、そう遠くなさそうです。

言い換えれば、外国人労働者にとって魅力的な職場でない限り、日本はもはや国としての繁栄を維持できないと言えます。日本人の当たり前を押し付けるのではなく、「物言う労働者」視点でハラスメントフリーの職場環境を構築することが求められているのです。

外国人視点でパワハラ対策を進めることは、日本人労働者にとっても大きなメリットとなります。仕事内容がきちんと明文化され、無駄な作業がなく、適切な助言やサポートが得られ、賃金が適切に支払われる職場は、誰にとっても魅力的で本来のあるべき姿だからです。

6 個別配慮型リーダーシップを発揮する

第3章では、破壊的リーダーシップ形態には脱線型・専制型・放任型の三つがあること、これらがパワハラと関連していることを解説しました。破壊的・建設的リーダーシップモデルの中で唯一、部下にも組織にも〝破壊的〟でないリーダーシップ形態は、建設型リーダーシップです。これは、部下にも組織にも、建設的な関わりをする上司のことを指します。

建設型の上司は、売上の増加や事業の拡大等の組織の目的や目標達成に貢献するような行動をすることに加え、会社の備品や予算を適正に使用したり、部下に対しても、意見を聴取して意思決定への参画を促したりすることで、モチベーションや仕事満足度をあげるような行動を取ります。(101)

これは本来上司として当たり前の姿であり、建設的リーダーシップを発揮しているからと言って職場でパワハラの発生が予防できるか、部下のメンタルヘルス不調が予防できるかと言うとそうでもありません。そこで私たちは、どういったリーダーシップ形態がパワハラの発生予防と部下のメンタルヘルス不調発症予防に効果があるかを調べる実証研究を行いました。

†マネジメントとリーダーシップの違い

本題に移る前に、ここで「マネジメント」と「リーダーシップ」との違いを整理しておきたいと思います。ハーバード大学ビジネススクール名誉教授であるジョン・P・コッター[256]によると、マネジメントは「計画と予算の策定」「組織編成と人員配置」「統制と問題解決」によって構成されるのに対し、リーダーシップは「方向性の設定」「人心の統合」「動機づけ」から構成されると定義されています（図5-4）。

管理職であればいわゆるマネジメント業務を行うのは当然ですが、その管理職にリーダーシップがあるかどうかは別問題です。この「リーダーシップの不在」こそが、第3章で取り上げた「放任型リーダーシップ」です。こういった放任型上司のもとではトラブルが起きやすいことは、既に解説しました。

また、放任型でなくても、部下への積極的な関わりがマネジメントに大きく傾いてしまうと、「血も涙もない上司」になりがちで、気持ちがついていかなくなります。逆に、リーダーシッ

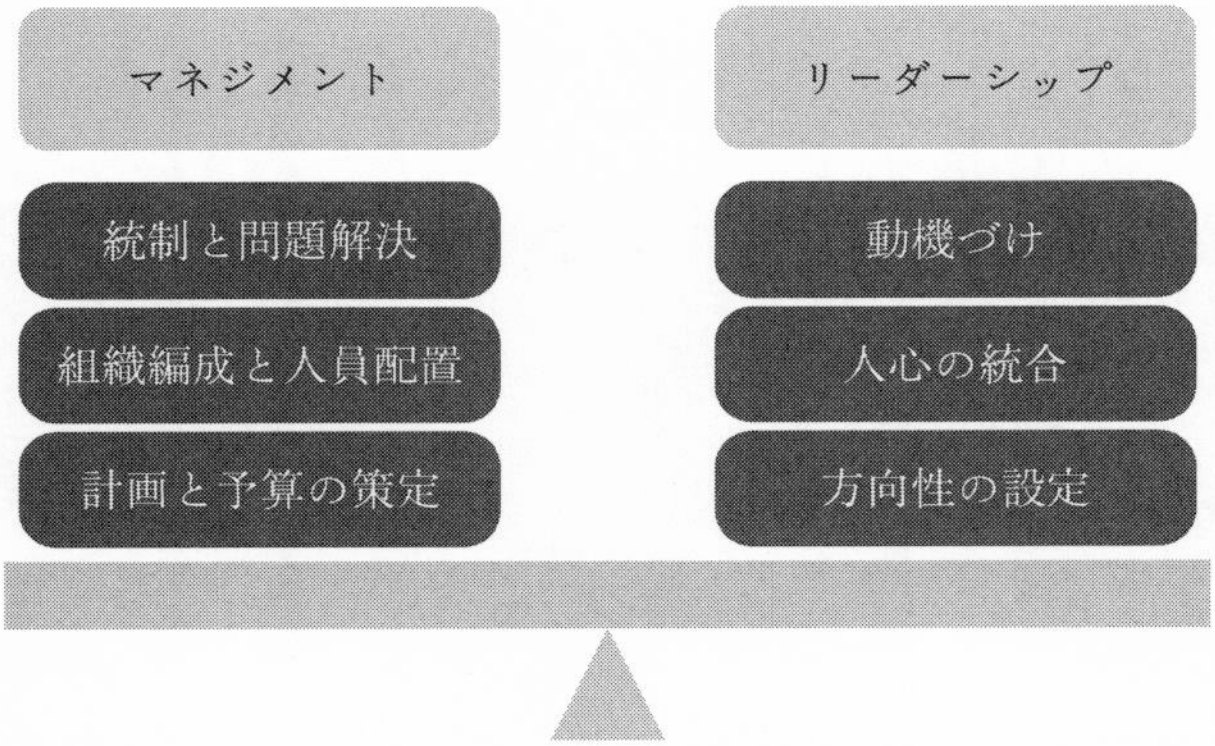

図 5-4　マネジメントとリーダーシップの理想的なバランス

プばかりに傾いてしまうと、夢や目標設定をしたり、ひたすら部下を鼓舞したりするだけで、予算を取ってくる・十分な人員を確保する等の実務的な問題解決がなされず、疲弊していくことにつながります。

大切なのは、「マネジメント」と「リーダーシップ」をバランス良く発揮することです。現在の部下への関わり方が、マネジメントの三項目、リーダーシップの三項目すべてバランスよく発揮できているかどうか、振り返ってみてください。マネジメントの方に大きく傾いてしまっていたら、リーダーシップの部分の関わりを増やす必要があります。

†リーダーシップは難しいものではない

具体的に、どのようにリーダーシップを発揮すればいいのでしょうか。「リーダーシップ」と聞くと、部下を強いカリスマ性で引っ張っていくような上司を思い浮かべるかもしれませんが、実はそこまで必要ないとされています。

例えば、リーダーシップ研究で有名なマギル大学デソーテル経営大学院のヘンリー・ミンツバーグ教授は、「一般的に、リーダーシップは強調され過ぎている。確かにある程度は必要だが、コミュニティシップと両立しうる程度でよい。人が協力して働き、個を尊重し、組織をより良い場にするために互いを結び付けていくことと両立できる程度でよいのだ」と述べています。[257]

つまり、「人が協力して働き、個を尊重し、組織をより良い場にするために互いを結び付けていくこと」が「コミュニティシップ」であり、これを実現するために必要な程度のリーダーシップで十分ということです。そして中でも重要なのが、「個を尊重すること」です。

私が関東地方の地方公務員を対象に実施した調査[97]でも、個別配慮型の上司の元で、最もパワハラ発生リスクが低いという結果が得られています。上司がこのような個別配慮型で部下に関わっている職場では、新規にパワハラが発生するリスクが七〇％も減少することがわかりました。非常に高い確率で、パワハラの発生を抑えることを示しています。それだけでなく、部下のメンタルヘルス不調発症を予防する効果があることもわかりました。[132]

†個別配慮型リーダーシップとは

個別配慮型リーダーシップとは、上司が部下の長所を伸ばせるように手助けしていたり、単なる集団の一員というより、個人として接していたり、部下それぞれが異なる欲求・能力・抱負を持っているものだとして接している状態のことを指します。(124)

①部下の長所を伸ばせるように助ける、②部下一人ひとりが違うニーズ、モチベーション、スキル、キャリア展望を持っていることを頭に入れて接する、③単なる集団の一員としてではなく個人として接する、ということを実行すればよいだけです。これなら、特別な訓練をしなくても、自分の性格を変えなくてもできることではないかと思います。

この三つの中で、少しハードルが高いのは②かもしれません。私も「どのように、部下からニーズやキャリア展望を聞きだしたらいいのでしょうか？」と相談を受けたことがあります。そこで、①②③それぞれについて、具体的にどうしたらよいのか、少し詳しく解説したいと思います。

①部下の長所を伸ばせるように助ける

［ステップ1］部下の長所を見つける

部下の長所を伸ばすためには、まずそれを把握できていなければなりません。それを確かめるために、長所・短所を書き出してみることをおすすめします。パソコンでもいいですし、手帳などに書き出しても構いません。

次に、下記について確認して下さい。

(1) 短所はたくさん思いつくのに、長所はなかなか思い浮かばない、という状態になりましたか?

「はい」→人の長所ではなく、短所やマイナス面に着目する傾向にあるようです。別の観点から見たら長所にならないか、長所は何かを考えながら関わってみてください。

「いいえ」→人のことを客観的に観察できています。

(2) 全員、同じくらいの量を書き出すことができましたか?

「はい」→どの部下とも満遍なく関わることができています。

「いいえ」→部下との関わりの量に差がある証拠です。意識的に、関わりの少ない部下と接する時間をつくって、理解するようにして下さい。

名前	長所	短所
○○さん	例） ・メールの返信が早い ・返事がはきはきとしている ・誰に対しても堂々と意見を言うことができる	例） ・文書やメールに誤字脱字が多い

世の中に、長所が全くない人は存在しません。もし三つも思いつかないのであれば、それは「見えていない」だけです。「この人の長所は、どこだろう？」と考える癖をつけましょう。筋トレと一緒で、このトレーニングはやればやっただけ、楽に見つけられるようになります。部下の長所が思いつかなかった方は、今日から意識してトレーニングを実践してみてください。

［ステップ2］感謝する・承認する・ほめることで、報酬を与える

長所がいくつか把握できたら、次は、その中で特に伸ばしたい部分はどこかを考えます。その際、相手の行動を強化するのに必要なのは、「報酬」と「期待」です。まず、報酬について解説します。

人は、「報酬」を得られるとその行動を強化するという性質があります（反対に、「罰」を与えられると行動は弱まり

ます[258]。

報酬には、①賃金や賞金などの経済的なもの、②昇進などのキャリアアップ、そして③自分自身のやりがいによって、あるいは「ほめられる」「承認される」「感謝される」という周囲からの評価によって得られる心理的な報酬が存在します[259]。この中で、最も取り組みやすく効果も大きいのが、③の心理的報酬です。

例えば、部下の「誰に対しても堂々と意見を言うことができる」という長所を伸ばしたいのであれば、上司がまず与えるべき心理的報酬は、「いつも率直に意見を言ってくれるから助かっています。本当にありがとう。これからも、気になったり改善した方が良い点があったりしたら、いつでも言って下さいね」という「感謝」や「承認」です。これだけで、部下は「自分のことを認めてくれた」と感じ、その行動を強化するようになります。

「感謝」や「承認」は、いつどのように使っても、効果にあまり差がありません。ただ、「ほめる」ことだけは、意識して使用しないと、効果が薄くなって行動強化に失敗したり、別の行動を誤って強化してしまうことにつながったりするため、注意が必要です。例えば、ノースキャロライナ大学のドーソン・ハンコックは、ほめる効果を最大限にもたらすための二つのルールを下記のように提唱しています[260]。

〈ルール1　事前に評価基準を伝えておく〉

部下に「会議で積極的に発言してほしい」と思っているとします。その場合、「会議で積極的に発言する人を私は評価します」という評価基準を会議前に伝えておきます。

そして、部下が評価基準をクリアしようと行動したら、「積極的に発言できていましたね」「発言するために、事前にきちんと準備をしていましたね」等とほめるのです。そうすれば、部下はどうすれば評価されるかがわかり、また期待通りにほめられると、自分のやり方が間違っていなかったことで自信をつけて、安心して同じ行動を強化することにつながります。

何をしたらほめられるのかを事前に伝えなかったり、ほめるポイントが毎回違ったりすると、部下は混乱します。部下を安心させるためにも、「ここを押さえてくれたら私は評価する」という基準を事前に伝えておくことが重要です。

〈ルール2　相手が行動を起こした直後にほめる〉

相手が行動したら、すかさずほめる必要があります。しばらく経ってからほめても、相手はその実感が湧きづらく効果が薄まってしまいます。

例えば、積極的な発言をほめる場合は、会議中に「今の発言、すごくいいですね」とほめるか、終了直後に「積極的に発言してくれてありがとう。おかげで議論が盛り上がったよ」とほめましょう。遅くとも、その日のうちにほめることを意識してください。

また、その際気を付けなければならない点があります。それは「容易に変えられないものをほめても、意味はない、もしくは逆効果になってしまう」ということです。例えば容姿、性格、出自、出身校などを指します。あくまでも、「変えられるもの」＝「行動」「成長した点」をほめるのがポイントです。そうすれば、その部分をさらに伸ばそうという意欲につながります。

[ステップ3] 期待していることを伝える

米国の教育心理学者であるR・ローゼンタールは、教師の期待の変化が生徒の学力の変化にどの程度影響をもたらすか調べるため、ある実験を行いました。(261) 実は実施していないテストの結果として、一学年に一〇名前後の生徒をランダムに選び、教師に対し「あの子とあの子、これからすごく伸びます」と伝えたのです。

実際に「伸びる」と言われた生徒たちは、特に低学年において、そうでない生徒よりも、その年の終わり時点で大きく成績が向上しました。教師が「この生徒は伸びる」と期待したことが、成績向上に寄与したと考えられています。

この現象は、「ピグマリオン効果」と呼ばれるもので、上司―部下関係にも当てはめることができます。実際、職場を対象にした研究も複数行われており、複数の研究結果をまとめて解析したメタアナリシスにおいても、上司の期待は部下の生産性を上昇させる効果があることが示されています[262、263]。

実はピグマリオン効果以外にも、「期待されることで生産性があがる」ことを示した研究があります。いわゆる「ホーソン効果」と呼ばれるものです。

米国のホーソン工場で労働者の作業効率向上のための調査をしたところ、工場内での照明や作業形態など様々な要因を検討したのですが、あまり関連が見られませんでした。しかし、研究者らはある法則に気付きます。それは、「工場に視察者が来た時」にだけ作業効率が向上するというものです。そして、「注目されている」ことが、作業効率を高めるのではないかと結論付けました[264]。

ホーソン効果は、新薬の効果を見る臨床試験においても、同様の現象が患者に観測されることがわかっています。自分が新薬を投与されており、治療効果を期待されているとわかると、成果をだそうと頑張り、実際に治療成績が向上することがあるのです[265]。

上司—部下関係においても、自分の成果に着目されている、期待されている、と部下が感じると、生産性が向上したり、長所をより伸ばしたりすることにつながります。

多くの人が、様々なことを「自分にはできない」と思い込んでいるものです。そのリミットを適切に取り除いてあげたり、人が成長するように導くことで、どんどん長所を伸ばしていったりできるのは、指導的立場に就く人、つまり職場で言えば上司の特権です。ぜひ、部下の「長所」に着目し期待を込めた関わりを意識してみてください。

②部下一人ひとりが違うニーズ、モチベーション、スキル、キャリア展望を持っていることを頭に入れて接する

［ステップ1］自分の仕事観、仕事へのモチベーション、今後の展望を開示する

部下からニーズやキャリア展望を聞き出すためにまずすべきは、自己開示です。自分のことを全く話さずに「○○さんは今後どうしていきたいんですか？」「どういうモチベーションでこの仕事をしていますか？」と聞いても、尋問されていると感じてしまいます。

まさに採用面接の状態です。「あなたの志望動機は？」「弊社にどのように貢献したいと思っていますか？」と聞かれると、応募者は「試されている」と感じます。採用面接では仕方ないですが、このような聞き方では決して部下の本音は引き出せません。

上司が自分の話をしてから聞くと、「あ、自分のことを理解しようとして聞いてくれているんだな」と感じさせ、本音を引き出しやすくなります。

特に話してほしいのが、①仕事観（あなたはどのような仕事観を持っているのか、それはどのように形成されたのか）、②仕事へのモチベーション（なぜ今の仕事をしているのか、どのような時に仕事を楽しいと感じるのか、辛いと感じるのか)、③上司としての今後の展望(部下指導や育成でどのような点に気をつけているのか、今後どんなことをしていきたいと思っているのか)、そしてなぜそれが重要だと思っているのか、の三点です。

その際に注意すべきことがあります。延々と自分語りをしないこと(長くても二~三分以内に話をまとめる)、自慢話をしないこと、完璧な部分だけを出さないこと、愚痴だけで終わらないこと、自分の価値観を押し付けないことです。

これは相手を理解するためのものだからです。話した後は、「自分はこういう経験をしたけれど、あなたはどうだった?」あるいは「自分はこう考えている(思っている)けど、あなたはどう思う?」という聞き方で、部下の経験や考えを聞いてみてください。

自己開示は、特に失敗談に絡んだ話であるほど、部下は心を開いてくれます。「上司も色々苦労してきたんだな」、「上司でも失敗した経験があるなら、自分も完璧じゃなくていいんだ」と感じると、素直な意見を出しやすくなります。

① 仕事観(あなたはどのような仕事観を持っているのか、それはどのように形成されたのか)

例)「以前、こういう失敗をして、顧客からの大きなクレームになった。これ以来、○○だけは事前に確認するようにしている。なので、部下に対しても○○については厳しく指導してしまう」、「二四時間以内にメールを返信することをモットーとしている。なぜなら、〝後で返信しよう〟と思って返信自体忘れてしまったことがあり、痛い思いをしたからだ」など

② 仕事へのモチベーション（なぜここで仕事をしているのか、どのような時に仕事を楽しいと感じるのか、辛いと感じるのか）

例）「こういう思いで○○の社員になろうと思った」、「あの仕事は人生で一番つらかった」、「○○という仕事をして、△△の大切さに目覚めた」など

③ 上司としての今後の展望（部下指導や育成でどのような点に気をつけているのか、今後どんなことをしていきたいと思っているのか）

例）「以前、落ち込んでいた時に、当時の上司からこんな声かけをしてもらって、涙が出るほど嬉しかった。なので、自分が上司になった時にはそんな存在になりたいと思ってきた」、「若手も働きやすい職場には、○○が必要なんじゃないかと思う。それは以前、こういう経験をしたからだ」など

［ステップ2］部下が過去に経験したことや考えていたことを聞く

突然「あなたは一〇年後、どんな仕事をしていたい？」と未来のことを聞かれても、すぐには答えられない人が多いのではないかと思います。一方で「あの仕事をしていた時、どうだった？」と聞かれると、過去を思い出せばよいので答えやすくなります。まずは、過去のことを聞いてみましょう。

例えば、あなた自身が「あの仕事は一番きつかった」という話をした後に、「今まで、〇〇さんはどういう仕事が一番きつかった？」と聞いてみると、自然に会話を進められます（「楽しかった？」という質問も同様です）。

その際、「そのくらいで辛かったと感じるのか、弱いなあ」と相手の経験を否定してしまったり、「私の経験の方が大変だった」とマウンティングしたりするのはNGです。一瞬で、部下の心の扉が閉じてしまいます。

「相手が、どういうときに辛い（楽しい）と感じるのか」を理解することが目的ですので、「そうか、〇〇さんは△△されると辛い（△△があると楽しい）と感じるんですね」と、要約できるくらい理解できたら成功です。

他にも過去のことを聞く質問として、「今まで、上司に言われて嬉しかったこと・嫌だったことはなんでしたか？」、「仕事で意識していることは何ですか？　それは、どういう経験からですか？」等があります。これらも、自分の体験談と絡めて質問すると、より自然な会話になるでしょう。

［ステップ3］部下の現在〜未来のことを聞く

過去のことを聞けたら、「今、何を考えているのか」「これから、どうしていきたいのか」という現在と未来のことを聞きます。これも、自分の話と併せて聞くのがいいでしょう。

例えば、「以前、落ち込んでいた時に、当時の上司からこんな声かけをしてもらって嬉しかった。なので、自分が上司になった時にはそんな存在になりたいと思っていた」という話をして、「〇〇さんは、私にこんな声かけをしてもらいたい、言われて嬉しい言葉は何かありますか？」と聞いてみることができます。

言われて嬉しい言葉は人それぞれです。「丁寧に対応していた」ことを評価してもらいたいのか、「交渉がうまくいった」という結果を評価してもらいたいタイプなのか等、部下それぞれが、評価されると嬉しい側面を知っておくことが大事です。

また「働きやすい職場には、〇〇が必要なんじゃないかと思う。それは以前、こういう経験をしたからだ」という話をして、「〇〇さんは、どう思いますか？　いやそれは違う、むしろ逆効果だとか、他にも方法があったら教えてもらえますか？」と聞くことができます。もしかすると、思いもよらなかったアイディアが出てくるかもしれませんし、あなたと全く同じ考えをしているかもしれません。

別の意見が出たらそれを取り入れて修正することができますし、方向性が間違っていないと確信できれば、自信をもって取り組みを推進できます。いずれにしても、「自分の考えは間違っているかもしれない」という前提で様々な人の意見を聞くことが大事です。そうすると、相手も率直な意見を出しやすくなります。

③単なる集団の一員としてではなく個人として接する

これからの時代、求められているリーダーは、他の人の才能を伸ばす環境をつくることができる人です。そのためには、部下に誠実な関心を向け続けましょう。

つまり、「相手の関心に関心を持ち、それに沿った関わりをする」のです。よくコミュニケーション研修等で「相手に関心を持ちましょう」と言われたりしますが、この場合、不適切な関わりが発生してしまうことがあります。

それは、相手のスペックを聞いて、勝手に解釈してしまう場合です。例えば、「一歳の子どもを育てている女性」と聞いて、「子育てと仕事の両立が大変だろうから、時短勤務がいいはずだ。また、責任の重い仕事はしたくないはずだ」と考え、プロジェクトリーダーから外した

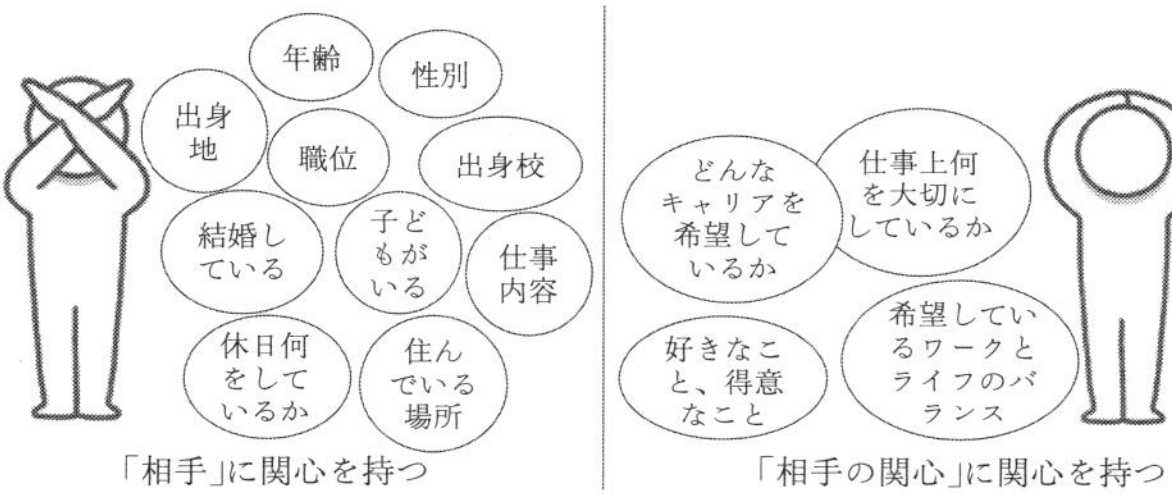

図 5-5　「相手」への関心と、「相手の関心」への関心の違い

り、責任の軽い仕事だけを与えたりといった「配慮」を上司が行うことがあります。しかしそれは、本当に部下が望んでいることでしょうか。

ここで必要なのが、「相手」ではなく、「相手の関心」に関心を寄せるということです。まずすべきことは、部下が「どんなキャリアを希望しているのか」「希望しているワークライフバランスはどのようなものか」「何をモチベーションに仕事をしているのか」を聞くことです。

相手の関心に寄り添うと、「一人の人間として見てくれている」と伝わりやすい上に、パワハラだ、あるいはマタハラだと訴えられるリスクを減らすことができます。

「相手」への関心と、「相手の関心」への関心の違いを示したのが、図5-5です。「相手」への関心の中に、「休日何をしているか」という質問があります。これは一見関心に関心を寄せていそうに見えますが、「子どもの遊び相手になっている」「取引先とゴルフに行っている」ということが把握できても、それが相手の本当にやりたいことなのかどうかはわかりません。「休日は何が楽しみですか?」「何をしている時が一番夢中になる時ですか?」と聞いて、初めて相手の関心に関心を寄せたことになります。

7 部下に耳の痛いことを伝えるにはどうしたらよいか

注意や指導をしなければならない時はどうしたらいいのでしょうか。「もっとこうしてほしい」「ここを直してほしい」というような、「改善してほしいけれども、口にすると傷つけてしまうのではないか」という指摘は、部下に負担をかける、あるいはハラスメントだと訴えられることを恐れて躊躇してしまう場合もあるようです。

部下のできていないところを指摘することも、時には必要です。ただし、必要以上に追い詰めたり傷つけたりせずに、そしてハラスメントだと受け取られずに行わなければなりません。そのためには、次の3プラス3の鉄則(①②③+abc)を守って下さい。

ダメ出しの鉄則：3プラス3

①周りに人がいない状態で行う

②ほめられる点・できている点を先に伝える

③人格否定をせずに、何をどうしてほしいのか伝える

（a行動の指摘＋bなぜそれが問題なのかの説明＋cどうしてほしいのかの具体的な説明）

†①周りに人がいない状態で行う

指導や指摘の際の原則一つ目は、「周囲の人にダメ出しされていることがわかる状態で行わない」、つまり「周りに人がいない状態で行う」ことです。誰でも、自分の至らない点を指摘されるのは辛いものです。ただでさえ辛いことを、周囲の同僚にわかる状態でされたら、面目丸つぶれで、さらにダメージを受けてしまいます。メールでも、宛先やCCに他の人が入っていない、一対一の状態で必ず行ってください。

ダメ出しはできれば対面であることが望ましいとされていますが、三つの鉄則がすべて守られていれば、メール等で行っても問題ありません。しかし、対面で会った際に、相手がどのように受け止めたのかの確認や声掛けを行うのがよいでしょう。

†②ほめられる点・できている点を先に伝える

鉄則二つ目は、「ほめられる点・できている点を先に伝える」

ことです。具体的には、ⓐできている点の指摘→ⓑ問題（直してほしいところ）の指摘→ⓒどうしてほしいのかの依頼、の順番で伝えます。

できている点を先に伝えると、警戒心が和らぎ聞く耳を持ちやすくなります。最初に問題点の指摘から入ると「自分は今責められているのだ」と認識し、警戒心と自己防御反応から聞く耳を閉じてしまったり、逆に反撃体制を取られてしまったりすることがあるためです。

ほめられる点・できている点を先に伝える例

・「○○さんは何事も丁寧に取り組んでくれるのでいつも感心しています（ⓐできている点の指摘）。ただ、丁寧すぎるために、仕事を溜め込みがちだと感じることがあります（ⓑ問題の指摘）。○○さん基準で完成度が六〇％くらいかな？　と思うところで、一旦提出してもらうことはできますか？　（ⓒどうしてほしいのかの依頼）」

・「いつも元気よく〝はい！〟と返事してくれるので、職場が明るくなって助かっています（ⓐできている点の指摘）。ただ、元気よく返事してくれるのはいいですが、説明した手順を守っていなかったりして、説明を本当に理解してくれたのかなと不安になる時があります（ⓑ問題の指摘）。私が作業を依頼した際は、何をやればいいのか復唱してもらうことはできますか？　（ⓒどうしてほしいのかの依頼）」

③人格否定をせずに何をどうしてほしいのか伝える

鉄則三つ目は、「人格否定をせずに何をどうしてほしいのか伝える」ことです。人格否定とは人間性や性格、本質的な性質、また容易に変えられないもの、例えば、容姿、出自、出身校などを否定したり侮辱したりすることを意味します。

NG例

- 「ほんとお前、使えないよな」（その人の人間性全体を否定している）
- 「小学生じゃないんだから」（相手のやっていることを小学生並だと馬鹿にしている）
- 「三〇年も生きてきてこんなこともわからないの？」（相手の能力を馬鹿にしている）
- 「主任なのにこんなこともわからないのか」（相手の能力を馬鹿にしている）
- 「たるんだ体してて、見苦しいな。汗臭いわ」（容姿を侮辱している）

なお、人格否定はパワハラの中で「精神的攻撃」、プライベートのことを職場で執拗に聞き出したりするのは「個の侵害」に該当する行為です。いくら部下が不正行為をしている等の非があったとしても、人格否定につながる言動は決してしてはいけません。また、何をどう直してほしいのかが相手に全く伝わらないので、相手はただショックを受けるだけで、行動変容にはつながりません。極めて非効率な指導だと言えます。

ではどうすればよいかと言うと、ⓐ部下に直してほしい「行動」を明確に指摘する、ⓑなぜそれが問題なのかを補足説明する、ⓒどうしてほしいのかを依頼する、の三点セットで行うことが有効です。場合によっては、ⓐ部下に直してほしい「行動」を明確に指摘する、ⓒどうしてほしいのかを依頼する、の二点だけを伝えれば十分な場合もあります。例えば、下記のような例です。

OK例

・「○○さんの書類に、誤字脱字が多いのが気になっています（ⓐ直してほしい行動の指摘）。提出する前に一度プリントアウトして声に出して読んで、誤字脱字がないかチェックしてもらえますか？（ⓒどうしてほしいのかの依頼）」

・「当日に突然休暇を取得する頻度が多いのが気になっています（ⓐ直してほしい行動の指摘）。もちろん体調が悪い日があると思うので体を大事にしてほしいのですが、今お願いしている仕事の進捗がわからないために、他の職員の負担になってしまっています（ⓑなぜそれが問題なのかの補足説明）。退社前に、作成中のファイルを共有フォルダに入れておいてもらえますか？

（ⓒどうしてほしいのかの依頼）」

二点セットでも有効なのは、「職場の誰もがそれがNGだと認識できている」行為である場合です。例えば、遅刻する、お酒の匂いをさせながら出勤してくる、等が例としてあげられるでしょう。

ただ一般的には、どのような行為にも三点セットで説明するのが無難です。自分は一般常識だと思っていても、相手にとってはそうでもない、ということが往々にしてあります。指摘や指導の際には、三点で何を伝えるか、事前にメモして整理しておくことをおすすめします。

いかがでしたでしょうか。部下のできていないところを指摘することは、上司の仕事の一つです。鉄則さえ押さえていれば誰でも、相手を傷つけずに、ハラスメントだと訴えられずに相手の問題点を指摘することができます。

私は学生の論文や研究計画書に対し改善点を指摘するのが仕事ですが、最初に「よくできています」「前回より大幅にわかりやすくなりました」と全体をほめてから、「ところで、この部分はこうした方がいいですね」と指摘を行い、最後にもう一度「前回より良くなりました」「この調子ですね！」とほめたり、「○○さんなら、きっとできると思います」と期待の言葉をかけたりして終えています。

このダメ出しの鉄則は、職場以外の関係性にも応用できるのです。これをしていると、指摘される側も傷ついたりモチベーションが下がったりすることがありませんし、指摘する側も楽です。今日からぜひ、黄金の3プラス3原則を実践していただければと思います。

パワハラ上司にならないためのポイント　まとめ

・「自分と部下は対等な立場にいる同僚同士だ」と言い聞かせる
・運動や筋トレをして、自尊心を高める
・感情知能（自己認識力、自己管理力、社会認識力、関係管理力）を高める
・部下のできていない点が目に付いたら、①やり方を知らないのか、②苦手なのか、③何か事情があるのか判別する
・世代によって仕事へのモチベーションは異なることを認識する
・外国人が働きやすい職場にする
・部下の長所を伸ばせるように助ける
・部下一人ひとりが違うニーズ、モチベーション、スキル、キャリア展望を持っていることを頭に入れて接する

・単なる集団の一員としてではなく個人として接する

おわりに

原稿を書くにあたって、これまでに執筆した原稿を見返していたところ、二〇一三年に作成された「ハラスメントしたくない人のためのマネジメント講座」というファイルを見つけました。構想から実現までに一〇年かかってしまいましたが、本書はまさしく、当時の私が書きたかった以上の内容になったと思います。

私はずっと、日本のハラスメント対策に科学的な視点がないことに危機感を持ってきました。それは、二〇一一年度に開催された厚生労働省「職場のいじめ・嫌がらせ問題に関する円卓会議ワーキング・グループ」にオブザーバーとして参加した時から変わっていません。国内外で様々な科学的根拠が蓄積される中、それらが対策に活かされないことに、ずっと歯がゆい思いをしてきました。

社会にその必要性を訴えるためには、研究者しか読まないような学術論文ではなく、一般書にまとめる必要がある、と執筆を決意したのが一年前です。専門書としてまとめた方がいいのではないかという助言もありましたが、気軽に手に取ってほしいと思い、新書にしました。

まだまだ紹介しきれなかった文献はたくさんありますが、私の頭の中にインプットされた一〇〇〇本以上の論文や国内外の書籍の内容を、〝ある程度は〟放出することができたのではないかと思います。なぜ上司はパワハラしてしまうのか、どういった職場でパワハラが起きやすいのか、どうしたらパワハラせずに指導できるのか、職場でパワハラ問題に悩む人やパワハラをしていると指摘を受けた上司が行動改善できるようにまとめました。

特に意識したのは、「明確な解決策を提示すること」です。パワハラが問題であることはわかっても、具体的にどうしたらいいのかわからないと、問題解決には結び付きません。学術的な理論や実践経験を統合しながら、誰でも再現可能な解決策を提示するよう心掛けました。

パワハラ対策は難しいと考えられがちですが、私は全く難しくないと考えています。なぜなら、既に国内外に知見と実践知がたまっているからです。これまで、その内容について一般の方が知る機会は少なかったかもしれません。本書が、その架け橋となったら幸いです。

本書が執筆できたのも、これまで私に直接・間接的に関わって下さった方々のおかげです。これまでハラスメントや関連分野の研究で知見を発表してきた研究者、実践家の方々、調査にご回答下さったすべての方、そして特に、指導教員として研究の基礎を叩きこんで下さった東京大学大学院の川上憲人特任教授、二つ目の博士号の指導教員である和歌山県立医科大学の宮下和久理事長・学長、社会疫学と行動科学の面白さを教えて下さったハーバード公衆衛生大学院のイチロー・カワチ教授、いつも私の活動を応援して下さる現所属の研究科長である鄭雄一教授、院生の時から私の成長を見守って下さっている（株）クオレ・シー・キューブの岡田康子会長ほか社員の皆様には、感謝してもしきれません。

本書の企画書をだすにあたり、『保育園に通えない子どもたち』の著者である可知悠子先生には大変お世話になりました。筑摩書房の編集者である羽田雅美さんは、伝えたいことが多すぎて文章が長くなりがちな私の文章に率直なフィードバックを下さり、本書の読みやすさ向上に大いに貢献して下さいました。この場をお借りしてお二人に深く御礼申し上げます。

そして最後に、私の大切なパートナーである夫と二人の息子に感謝します。本書の執筆や修正が夜遅くまでかかった時も、夫はいつも快く「がんばってきて！」と送り出してくれました。フルタイムで激務な夫婦が核家族で家事育児をするのは大変な時もありますが、お互い支え合っているおかげで何とか生活が出来ています。本当にありがとう。

かわいい盛りの息子達は、執筆時点でまだ一歳と三歳です。家の中に存在するだけで、いつも元気を貰っています。生まれてきてくれて本当にありがとう。君たちが就職する頃の日本では、パワハラがないことが当たり前な社会になっていることを願います。

二〇二二年一〇月

津野香奈美

【参考文献】

（1）津野香奈美．パワハラ防止法を理解しよう．産業保健と看護2021；13：6-11
（2）厚生労働省．事業主が職場における優越的な関係を背景とした言動に起因する問題に関して雇用管理上講ずべき措置等についての指針（令和2年1月15日厚生労働省告示第5号），2020
（3）厚生労働省　都道府県労働局雇用環境・均等部（室）．職場におけるパワーハラスメント対策が事業主の義務になりました！——セクシュアルハラスメント対策や妊娠・出産・育児休業等に関するハラスメント対策とともに対応をお願いします，2022
（4）厚生労働省．事業主が職場における性的な言動に起因する問題に関して雇用管理上講ずべき措置等についての指針等の一部を改正する告示（令和2年1月15日厚生労働省告示第6号），2020
（5）厚生労働省．事業主が職場における妊娠、出産等に関する言動に起因する問題に関して雇用管理上講ずべき措置等についての指針（平成28年厚生労働省告示第312号），2016
（6）厚生労働省．子の養育又は家族の介護を行い、又は行うこととなる労働者の職業生活と家庭生活との両立が図られるようにするために事業主が講ずべき措置に関する指針（平成21年厚生労働省告示第509号），2009
（7）Mays V. M., Cochran S. D. Mental health correlates of perceived discrimination among lesbian, gay, and bisexual adults in the United States. Am J Public Health 2001; 91: 1869-76
（8）岩本健良，平森大規，内藤忍，中野諭．性的マイノリティの自殺・うつによる社会的損失の試算と非当事者との収入格差に関するサーベイ・独立行政法人労働政策研究・研修機構，2019
（9）津野香奈美，大塚泰正，藤桂ほか．LGBT等の性的マイノリティ労働者における暴力の経験と精神的健康状態．第26回日本行動医学会学術総会プログラム・抄録集2019：64
（10）東京海上日動リスクコンサルティング株式会社．令和2年度　厚生労働省委託事業　職場のハラスメントに関する実態調査報告書．東京：厚生労働省，2021
（11）津野香奈美．ハラスメント対策最前線　科学的根拠をもとに進めるメンタルヘルス対策とハラスメント対策

〈9〉コロナ禍の在宅勤務とリモートハラスメント（リモハラ）．2021年7月；https://www.cuorec3.co.jp/info/thinks/tsuno_01_09.html

（12）東京大学医学系研究科精神保健学／精神看護学分野．コロナ禍で在宅勤務を経験した労働者が、リモート環境下でのハラスメント（リモハラ）を経験した割合とその内容．2021 https://dmh.m.u-tokyo.ac.jp/e-coco-j/04.shtml

（13）連合．テレワークに関する調査2020

（14）Tsuno Kanami, Tabuchi Takahiro. Risk factors for workplace bullying, severe psychological distress, and suicidal ideation during the COVID-19 pandemic: a nationwide internet survey for the general working population in Japan. BMJ Open 2022; 12: e059860

（15）津野香奈美，森田哲也，井上彰臣，安部陽子，川上憲人．労働者における職場のいじめの測定方法の開発とその実態，健康影響に関する調査研究．産業医学ジャーナル2011；34：79-86

（16）Tsuno K., Kawakami N., Tsutsumi A. et al. Socioeconomic determinants of bullying in the workplace: a national representative sample in Japan. PLoS One 2015; 10: e0119435

（17）東京海上日動リスクコンサルティング株式会社．平成28年度 厚生労働省委託事業　職場のパワーハラスメントに関する実態調査報告書．東京：厚生労働省，2017

（18）斎藤修．『男性稼ぎ主型モデルの歴史的起源』．日本労働研究雑誌2013；638：4-16

（19）総務省統計局．家計調査　用語の説明．https://www.stat.go.jp/data/kakei/2004np/04nh02.html

（20）内閣府男女共同参画局．令和四年版 男女共同参画白書　東京：勝美印刷株式会社，2022

（21）Einarsen Ståle, Skogstad Anders. Bullying at work: Epidemiological findings in public and private organizations. European Journal of Work and Organizational psychology 1996; 5: 185-201

（22）津野香奈美．職場の反社会的行動（いじめ・パワハラ）の行為者の特徴．産業精神保健2020；28：61-7

（23）津野香奈美．職場のいじめを発生させる組織要因と加害者要因．精神医学2021；63：177-86

（24）Zapf Dieter, Einarsen Ståle Valvatne. Individual antecedents of bullying: personality, motives and compe-

tencies of victims and perpetrators. Einarsen Ståle Valvatne, Hoel Helge, Zapf Dieter, Cooper Cary L. eds. Bullying and Harassment in the Workplace（3rd edition）. Boca Raton: CRC Press, 2020: 269–303
(25) Tsuno K., Kawakami N., Inoue A., Abe K. Measuring workplace bullying: reliability and validity of the Japanese version of the negative acts questionnaire. J Occup Health 2010; 52: 216–26
(26) Nielsen Morten Birkeland, Matthiesen Stig Berge, Einarsen Ståle. The impact of methodological moderators on prevalence rates of workplace bullying. A meta-analysis. Journal of Occupational and Organizational Psychology 2010; 83: 955–79
(27) Lewis Duncan. Bullying at work: the impact of shame among university and college lecturers. British Journal of Guidance & Counselling 2010; 32: 281–99
(28) Kraus M. W., Piff P. K., Mendoza-Denton R., Rheinschmidt M. L., Keltner D. Social class, solipsism, and contextualism: how the rich are different from the poor. Psychol Rev 2012; 119: 546–72
(29) Côté S., Piff P. K., Willer R. For whom do the ends justify the means? Social class and utilitarian moral judgment. J Pers Soc Psychol 2013; 104: 490–503
(30) Magee Joe C., Galinsky Adam D. 8 social hierarchy: the self-reinforcing nature of power and status. Academy of Management Annals 2008; 2: 351–98
(31) Piff Paul K., Stancato Daniel M., Côté Stéphane, Mendoza-Denton Rodolfo, Keltner Dacher. Higher social class predicts increased unethical behavior. Proceedings of the National Academy of Sciences 2012; 109: 4086–91
(32) Gross Jessica. 6 studies on how money affects the mind. December 20, 2013; https://blog.ted.com/6-studies-of-money-and-the-mind/
(33) Cardel M. I., Johnson S. L., Beck J. et al. The effects of experimentally manipulated social status on acute eating behavior: a randomized, crossover pilot study. Physiol Behav 2016; 162: 93–101
(34) Piff P. K., Wiwad D., Robinson A. R., Aknin L. B., Mercier B., Shariff A. Shifting attributions for poverty mo-

tivates opposition to inequality and enhances egalitarianism. Nat Hum Behav 2020; 4: 496–505
(35) Piff P. K., Kraus M. W., Côté S., Cheng B. H., Keltner D. Having less, giving more: the influence of social class on prosocial behavior. J Pers Soc Psychol 2010; 99: 771–84
(36) Kraus M. W., Côté S., Keltner D. Social class, contextualism, and empathic accuracy. Psychol Sci 2010; 21: 1716–23
(37) Salin Denise. Workplace bullying and gender: an overview of empirical findings. D'Cruz P., Noronha, E., Caponecchio, C., Escartin, J., Salin, D., Tuckey, M. eds. Dignity and inclusion at work. Singapore: Springer, 2021: 331–61
(38) Namie G. U.S. workplace bullying survey 2017. San Francisco: Workplace Bullying Institute, 2017
(39) Báguena María José, Beleña María Ángeles, Toldos María de la Paz, Martínez David. Psychological harassment in the workplace: methods of evaluation and prevalence. The Open Criminology Journal 2011; 4: 102–8
(40) Jóhannsdóttir Hanna L., Ólafsson Ragnar F. Coping with bullying in the workplace: the effect of gender, age and type of bullying. British Journal of Guidance & Counselling 2004; 32: 319–33
(41) Kizuki M., Fujiwara T., Shinozaki T. Adverse childhood experiences and bullying behaviours at work among workers in Japan. Occup Environ Med 2020; 77: 9–14
(42) 東京海上日動リスクコンサルティング株式会社『平成24年度　厚生労働省委託事業　職場のパワーハラスメントに関する実態調査報告書』東京：厚生労働省，２０１３
(43) Leymann Heinz. Mobbing and psychological terror at workplaces. Violence Vict 1990; 5: 119–26
(44) Inter-Parliamentary Union. Women in Parliament in 2021. Geneva, 2022
(45) Carré J. M., Murphy K. R., Hariri A. R. What lies beneath the face of aggression? Soc Cogn Affect Neurosci 2013; 8: 224–9
(46) Wiggert N., Wilhelm F. H., Derntl B., Blechert J. Gender differences in experiential and facial reactivity to

approval and disapproval during emotional social interactions. Front Psychol 2015; 6: 1372

(47) Lewis Kristi M. When leaders display emotion: how followers respond to negative emotional expression of male and female leaders. Journal of Organizational Behavior: The International Journal of Industrial, Occupational and Organizational Psychology and Behavior 2000; 21: 221-34

(48) Eagly A. H., Steffen V. J. Gender and aggressive behavior: a meta-analytic review of the social psychological literature. Psychol Bull 1986; 100: 309-30

(49) ピーター・E．ランドール，新井郁男（訳）．『人はなぜいじめるのか――地域・職場のいじめと子ども時代の体験』．東京：教育開発研究所，１９９８

(50) Bowie Bonnie H. Relational aggression, gender, and the developmental process. J Child Adolesc Psychiatr Nurs 2007; 20: 107-15

(51) 法務総合研究所．令和３年版 犯罪白書――詐欺事犯者の実態と処遇．東京：法務省，２０２１

(52) Elliott Kathleen. Challenging toxic masculinity in schools and society. On the Horizon 2018; 26: 17-22

(53) グレイソン・ペリー，小磯洋光（訳）．『男らしさの終焉』．東京：フィルムアート社，２０１９

(54) レイチェル・ギーザ，冨田直子（訳）．『ボーイズ　男の子はなぜ「男らしく」育つのか』．東京：ＤＵ　ＢＯＯＫＳ，２０１９

(55) Heilman B., Barker G., Harrison A. The man box: a Study on Being a young man in the US, UK, and Mexico. Washington, DCand London: Promundo-US and Unilever, 2017

(56) Parker Kim, Horowitz Juliana Menasce, Stepler Renee. On gender differences, no consensus on nature vs. nurture. Washington, DC: Pew Research Center, 2017

(57) 生活安全局生活安全企画課刑事局捜査第一課．令和２年におけるストーカー事案及び配偶者からの暴力事案等への対応状況について．東京：警視庁，２０２１年３月４日

(58) 関西テレビ．「男は押しの一手だと」ストーカー加害者が語る実態　警告されても電話かけ続け…警察も加害者支援に乗り出す．２０２１年12月５日 https://www.fnn.jp/articles/-/279326

(59) Nixon Howard L. Gender, sport, and aggressive behavior outside sport. Journal of Sport and Social Issues 1997; 21: 379–91

(60) Miller Kathleen E. Sport-related identities and the "Toxic Jock". Journal of Sport Behavior 2009; 32: 69–91

(61) Cleary A. Suicidal action, emotional expression, and the performance of masculinities. Soc Sci Med 2012; 74: 498–505

(62) Chen X., Yuan H., Zheng T., Chang Y., Luo Y. Females are more sensitive to opponent's emotional Feedback: evidence from event-related potentials. Front Hum Neurosci 2018; 12: 275

(63) Thompson Ashley E., Voyer Daniel. Sex differences in the ability to recognise non-verbal displays of emotion: a meta-analysis. Cognition and Emotion 2014; 28: 1164–95

(64) Lee N. C., Krabbendam L., White T. P. et al. Do you see what I see? Sex differences in the discrimination of facial emotions during adolescence. Emotion 2013; 13: 1030–40

(65) Furnham Adrian, Trickey Geoff. Sex differences in the dark side traits. Pers Individ Dif 2011; 50: 517–22

(66) Jonason Peter K., Koenig Bryan L., Tost Jeremy. Living a fast life. Human Nature 2010; 21: 428–42

(67) Paulhus Delroy L., Williams Kevin M. The dark triad of personality: narcissism, Machiavellianism, and psychopathy. Journal of research in Personality 2002; 36: 556–63

(68) Muris P., Merckelbach H., Otgaar H., Meijer E. The malevolent side of human nature. Perspect Psychol Sci 2017; 12: 183–204

(69) Cleckley Hervey. The mask of sanity (revised edition. St. Louis: Mosby), 1941/1982

(70) Zvolensky M. J., Taha F., Bono A., Goodwin R. D. Big five personality factors and cigarette smoking: a 10-year study among US adults. J Psychiatr Res 2015; 63: 91–6

(71) Zhao H., Seibert S. E. The big five personality dimensions and entrepreneurial status: a meta-analytical review. J Appl Psychol 2006; 91: 259–71

(72) Bogg T., Roberts B. W. Conscientiousness and health-related behaviors: a meta-analysis of the leading be-

havioral contributors to mortality. Psychol Bull 2004; 130: 887–919
(73) Jokela M., Batty G. D., Nyberg S. T. et al. Personality and all-cause mortality: individual-participant meta-analysis of 3,947 deaths in 76,150 adults. Am J Epidemiol 2013; 178: 667–75
(74) Lee Kibeom, Ashton Michael C. Psychometric properties of the HEXACO personality inventory. Multivariate Behavioral Research 2004; 39: 329–58
(75) Ashton Michael C, Lee Kibeom. The HEXACO model of personality structure and the importance of the H factor. Soc Personal Psychol Compass 2008; 2: 1952–62
(76) Tani Franca, Greenman Paul S., Schneider Barry H., Fregoso Manuela. Bullying and the Big Five: a study of childhood personality and participant roles in bullying incidents. Sch Psychol Int 2003; 24: 131–46
(77) Book Angela S., Volk Anthony A., Hosker Ashley. Adolescent bullying and personality: an adaptive approach. Pers Individ Dif 2012; 52: 218–23
(78) Volk Anthony A., Schiralli Katerina, Xia Xiaoyang, Zhao Junru, Dane Andrew V. Adolescent bullying and personality: a cross-cultural approach. Pers Individ Dif 2018; 125: 126–32
(79) Dåderman A. M., Ragnestål-Impola C. Workplace bullies, not their victims, score high on the Dark Triad and Extraversion, and low on Agreeableness and Honesty-Humility. Heliyon 2019; 5: e02609
(80) Pallesen S., Nielsen M. B., Magerøy N., Andreassen C. S., Einarsen S. An experimental study on the Attribution of personality traits to bullies and targets in a workplace setting. Front Psychol 2017; 8: 1045
(81) Glasø L., Matthiesen S. B., Nielsen M. B., Einarsen S. Do targets of workplace bullying portray a general victim personality profile? Scand J Psychol 2007; 48: 313–9
(82) Lee Kibeom, Ashton Michael C. Psychopathy, Machiavellianism, and Narcissism in the Five-Factor Model and the HEXACO model of personality structure. Pers Individ Dif 2005; 38: 1571–82
(83) Furnham Adrian, Richards Steven C., Paulhus Delroy L. The Dark Triad of personality: a 10 year review. Soc Personal Psychol Compass 2013; 7: 199–216

(84) Lau Katherine S. L., Marsee Monica A. Exploring narcissism, psychopathy, and Machiavellianism in youth: examination of associations with antisocial behavior and aggression. Journal of Child and Family Studies 2013; 22: 355-67
(85) Vernon Philip A., Villani Vanessa C., Vickers Leanne C., Harris Julie Aitken. A behavioral genetic investigation of the Dark Triad and the Big 5. Pers Individ Dif 2008; 44: 445-52
(86) Petrides K. V., Vernon P. A., Schermer J. A., Veselka L. Trait emotional intelligence and the dark triad traits of personality. Twin Res Hum Genet 2011; 14: 35-41
(87) Baughman Holly M., Dearing Sylvia, Giammarco Erica, Vernon Philip A. Relationships between bullying behaviours and the Dark Triad: a study with adults. Pers Individ Dif 2012; 52: 571-5
(88) Williams Kevin M., Cooper Barry S., Howell Teresa M., Yuille John C., Paulhus Delroy L. Inferring sexually Deviant behavior from corresponding Fantasies. Criminal Justice and Behavior 2008; 36: 198-222
(89) Williams K. M., Nathanson C., Paulhus D. L. Identifying and profiling scholastic cheaters: their personality, cognitive ability, and motivation. J Exp Psychol Appl 2010; 16: 293-307
(90) Mathieu Cynthia, Neumann Craig S., Hare Robert D., Babiak Paul. A dark side of leadership: corporate psychopathy and its influence on employee well-being and job satisfaction. Pers Individ Dif 2014; 59: 83-8
(91) Chatterjee Arijit, Hambrick Donald C. It's all about me: narcissistic chief executive officers and their effects on company strategy and performance. Adm Sci Q 2007; 52: 351-86
(92) Spurk Daniel, Keller Anita C., Hirschi Andreas. do bad guys get ahead or fall behind? Relationships of the Dark Triad of personality with objective and subjective Career Success. Soc Psychol Personal Sci 2015; 7: 113-21
(93) トマス・チャモロ＝プリミュジック，藤井留美（訳）．『なぜ、「あんな男」ばかりがリーダーになるのか　傲慢と過信が評価される組織心理』．東京：実業之日本社，２０２０
(94) 増井啓太，浦光博．「ダークな」人たちの適応戦略．心理学評論２０１８；61：３３０-43

(95) American Psychiatric Association（編）．日本精神神経学会（日本語版用語監修）．髙橋三郎・大野裕（監訳）．染矢俊幸・神庭重信・尾崎紀夫・三村將・村井俊哉（訳）．『ＤＳＭ－５　精神疾患の診断・統計マニュアル』．東京：医学書院，２０１４
(96) 川上憲人，堤明純．『職場におけるメンタルヘルスのスペシャリストＢＯＯＫ』．東京：培風館，２００７
(97) Tsuno K., Kawakami N. Multifactor leadership styles and new exposure to workplace bullying: a six-month prospective study. Ind Health 2015; 53: 139–51
(98) Hauge Lars Johan, Skogstad Anders, Einarsen Ståle. Relationships between stressful work environments and bullying: results of a large representative study. Work & Stress 2007; 21: 220–42
(99) Krasikova Dina V., Green Stephen G., LeBreton James M. Destructive leadership: a theoretical review, integration, and future research agenda. Journal of Management 2013; 39: 1308–38
(100) Thoroughgood Christian N., Sawyer Katina B., Padilla Art, Lunsford Laura. Destructive leadership: a critique of leader-centric perspectives and toward a more holistic definition. Journal of Business Ethics 2018; 151: 627–49
(101) Einarsen Ståle, Aasland Merethe Schanke, Skogstad Anders. Destructive leadership behaviour: a definition and conceptual model. The Leadership Quarterly 2007; 18: 207–16
(102) Inyang Benjamin James. Exploring the concept of leadership derailment: defining new research agenda. International Journal of Business and Management 2013; 8: 78–85
(103) Aasland Merethe Schanke, Skogstad Anders, Notelaers Guy, Nielsen Morten Birkeland, Einarsen Ståle. The Prevalence of destructive leadership behaviour. British Journal of Management 2010; 21: 438–52
(104) Ashforth Blake. Petty tyranny in organizations. Human Relations 1994; 47: 755–78
(105) Lewin Kurt, Lippitt Ronald, White Ralph K. Patterns of aggressive behavior in experimentally created "social climates". The Journal of Social Psychology 1939; 10: 269–99
(106) Ma Hao, Karri Ranjan, Chittipeddi Kumar. The paradox of managerial tyranny. Bus Horiz 2004; 47: 33–40

(107) Elliot Jay, Simon William. The Steve Jobs way: iLeadership for a new generation. New York, NY: Vanguard Press, 2011

(108) Padilla Art, Hogan Robert, Kaiser Robert B. The toxic triangle: destructive leaders, susceptible followers, and conducive environments. The Leadership Quarterly 2007; 18: 176–94

(109) Higgins E. T. Beyond pleasure and pain. Am Psychol 1997; 52: 1280–300

(110) Aryee Samuel, Sun Li-Yun, Chen Zhen Xiong George, Debrah Yaw A. Abusive supervision and contextual performance: the mediating role of emotional exhaustion and the moderating role of work unit structure. Management and Organization Review 2008; 4: 393–411

(111) Barrow Jeffrey C. Worker performance and task complexity as causal determinants of leader behavior style and flexibility. Journal of Applied Psychology 1976; 61: 433–40

(112) Schyns Birgit, Schilling Jan. How bad are the effects of bad leaders? A meta-analysis of destructive leadership and its outcomes. The Leadership Quarterly 2013; 24: 138–58

(113) Miller Dan E., Weiland Marion W., Couch Carl J. Tyranny. Studies in Symbolic interaction 1978; 1: 267–88

(114) Yerkes Robert M., Dodson John D. The relation of strength of stimulus to rapidity of habit-formation. Boe Erling E., Church Russell M. eds. Punishment: issues and experiments 1908: 27–41

(115) Teigen Karl Halvor. Yerkes-Dodson: a law for all seasons. Theory Psychol 1994; 4: 525–47

(116) Selye Hans. Stress without distress. G. Serban ed. Psychopathology of human adaptation. Boston, MA: Springer, 1976: 137–46

(117) Tepper Bennett J. Consequences of abusive supervision. Acad Manage J 2000; 43: 178–90

(118) Tepper Bennett J., Moss Sherry E., Lockhart Daniel E., Carr Jon C. Abusive supervision, upward maintenance communication, and subordinates' psychological distress. Acad Manage J 2007; 50: 1169–80

(119) Kusy Mitchell, Holloway Elizabeth. Toxic workplace!: managing toxic personalities and their systems of power. San Francisco, CA: Jossey-Bass, 2009

(120) Bhandarker Asha, Rai Snigdha. Toxic leadership: emotional distress and coping strategy. International Journal of Organization Theory & Behavior 2019; 22: 65-78
(121) スティーブン・R・コヴィー、ジェームス・スキナー・川西茂（訳）『第8の習慣』東京：キングベアー出版，2005
(122) Mitchell M. S., Ambrose M. L. Abusive supervision and workplace deviance and the moderating effects of negative reciprocity beliefs. J Appl Psychol 2007; 92: 1159-68
(123) Hershcovis M. Sandy, Barling Julian. Towards a multi-foci approach to workplace aggression: a meta-analytic review of outcomes from different perpetrators. Journal of Organizational Behavior 2010; 31: 24-44
(124) Avolio Bruce J., Bass Bernard M. Multifactor leadership questionnaire: manual and sampler set (3rd edition). Menlo Park, CA: Mind Garden, Inc., 2004
(125) Bass Bernard M., Avolio Bruce J. Improving organizational effectiveness through transformational leadership. Thousand Oaks, CA: Sage Publications, 1994
(126) Yammarino Francis J., Bass Bernard M. Transformational leadership and multiple levels of analysis. Human Relations 1990; 43: 975-95
(127) Ayoko Oluremi B., Callan Victor J. Teams' reactions to conflict and teams' task and social outcomes: the moderating role of transformational and emotional leadership. European Management Journal 2010; 28: 220-35
(128) Dumdum Uldarico Rex, Lowe Kevin B., Avolio Bruce J. A meta-analysis of transformational and Transactional Leadership correlates of effectiveness and satisfaction: An Update and Extension. Avolio Bruce J., Yammarino Francis J. eds. Transformational and charismatic Leadership: the road Ahead 10th anniversary Edition. Bingley: Emerald Group Publishing Limited, 2013: 39-70
(129) Lowe Kevin B., Kroeck K. Galen, Sivasubramaniam Nagaraj. Effectiveness correlates of transformational and transactional leadership: a meta-analytic review of the MLQ literature. The Leadership Quarterly 1996; 7: 385-425

(130) Kuoppala Jaana, Lamminpää Anne, Liira Juha, Vainio Harri. Leadership, job well-being, and health effects: a systematic review and a meta-analysis. J Occup Environ Med 2008; 50: 904-15
(131) Skogstad A., Einarsen S., Torsheim T., Aasland M. S., Hetland H. The destructiveness of laissez-faire leadership behavior. J Occup Health Psychol 2007; 12: 80-92
(132) 津野香奈美，川上憲人，宮下和久．上司のリーダーシップ形態と半年後の部下の心理的ストレス反応との関連．産業ストレス研究２０１５；22：１６３-71
(133) 木村恵子．さいたま市（環境局職員）事件．産業保健21 ２０１８：18-9
(134) ヨハン・ガルトゥング，高柳先男・塩屋保・酒井由美子（訳）．『構造的暴力と平和』．東京：中央大学出版部，１９９１
(135) Baumeister Roy F., Smart Laura, Boden Joseph M. Relation of threatened egotism to violence and aggression: the dark side of high self-esteem. Psychol Rev 1996; 103: 5-33
(136) Tokarev Alexander, Phillips Abigail R., Hughes David J., Irwing Paul. Leader dark traits, workplace bullying, and employee depression: exploring mediation and the role of the dark core. J Abnorm Psychol 2017; 126: 911-920
(137) Vartia Maarit. The sources of bullying–psychological work environment and organizational climate. European Journal of work and organizational psychology 1996; 5: 203-14
(138) Coyne Iain, Smith-Lee Chong Penelope, Seigne Elizabeth, Randall Peter. Self and peer nominations of bullying: an analysis of incident rates, individual differences, and perceptions of the working environment. European Journal of Work and Organizational Psychology 2003; 12: 209-28
(139) Kernis M. H., Cornell D. P., Sun C. - R., Berry A., Harlow T. There's more to self-esteem than Whether It Is High or low: the importance of stability of self-esteem. J Pers Soc Psychol 1993; 65: 1190-204
(140) Singal J. How the self-esteem craze took over america and why the hype was irresistible. 2017; https://www.thecut.com/2017/05/self-esteem-grit-do-they-really-help.html

(141) Baumeister Roy F., Campbell Jennifer D., Krueger Joachim I., Vohs Kathleen D. Does high self-esteem cause better performance, interpersonal success, happiness, or healthier lifestyles? Psychol Sci Public Interest 2003; 4: 1-44
(142) Greenwald Anthony G., McGhee Debbie E., Schwartz Jordan L. K. Measuring individual differences in implicit cognition: the implicit association test. J Pers Soc Psychol 1998; 74: 1464-80
(143) Kobayashi Chihiro, Greenwald Anthony G. Implicit-explicit differences in self-enhancement for Americans and Japanese. J Cross Cult Psychol 2003; 34: 522-41
(144) 原島雅之，小口孝司．顕在的自尊心と潜在的自尊心が内集団ひいきに及ぼす効果．実験社会心理学研究 ２００７；47：69-77
(145) Smart Diana, Sanson Ann. Social competence in young adulthood, its nature and antecedents. Family Matters 2003: 4-9
(146) Salovey Peter, Mayer John D. Emotional intelligence. Imagin Cogn Pers 1990; 9: 185-211
(147) Kant Leo, Skogstad Anders, Torsheim Torbjørn, Einarsen Ståle. Beware the angry leader: trait anger and trait anxiety as predictors of petty tyranny. The Leadership Quarterly 2013; 24: 106-24
(148) Baumeister Roy F., Stillwell Arlene, Wotman Sara R. Victim and perpetrator accounts of interpersonal conflict: autobiographical narratives about anger. J Pers Soc Psychol 1990; 59: 994-1005
(149) Jenkins M. F., Zapf D., Winefield H., Sarris A. Bullying allegations from the accused bully's perspective. British Journal of Management 2012; 23: 489-501
(150) Berne Eric. A layman's guide to psychiatry and psychoanalysis. New York, NY: Simon Schuster, 1968/1971
(151) Hall Tabitha. Using transactional analysis to understand workplace bullying. Transactional Analysis Journal 2019; 49: 32-42
(152) O'Moore Mona, Seigne Elizabeth, McGuire Lían, Smith Murray. Victims of workplace bullying in Ireland. The Irish Journal of Psychology 1998; 19: 345-57

(153) Mathisen G. E., Einarsen S., Mykletun R. The relationship between supervisor personality, supervisors' Perceived Stress and workplace bullying. Journal of Business Ethics 2011; 99: 637–51
(154) Byrne Alyson, Dionisi Angela M., Barling Julian et al. The depleted leader: the influence of leaders' diminished psychological resources on leadership behaviors. The Leadership Quarterly 2014; 25: 344–57
(155) Matthiesen S. B., Einarsen S. Perpetrators and targets of bullying at work: role stress and individual differences. Violence Vict 2007; 22: 735–53
(156) Van Veen M. M., Lancel M., Şener O., Verkes R. J., Bouman E. J., Rutters F. Observational and experimental studies on sleep duration and aggression: a systematic review and meta-analysis. Sleep Med Rev 2022; 64: 101661
(157) Barnes Christopher M., Lucianetti Lorenzo, Bhave Devasheesh P., Christian Michael S. "You wouldn't like Me When I'm sleepy": leaders' sleep, daily abusive supervision, and work unit engagement. Acad Manage J 2015; 58: 1419–37
(158) 水谷英夫．『職場のいじめ・パワハラと法対策』．東京：民事法研究会，２０２０
(159) 朝日新聞デジタル．激辛カレー強要容疑，神戸４教諭を書類送検　教員間暴力．２０２０年３月11日 https://www.asahi.com/articles/ASN3C5T87N3BPIHB00W.html
(160) 神戸市立小学校における職員間ハラスメント事案に係る調査委員会．調査報告書の概要．神戸市，２０２０年２月21日
(161) Gilbert Ruth, Widom Cathy Spatz, Browne Kevin, Fergusson David, Webb Elspeth, Janson Staffan. Burden and consequences of child maltreatment in high-income countries. The Lancet 2009; 373: 68–81
(162) 加野芳正．『なぜ，人は平気で「いじめ」をするのか？──透明な暴力と向き合うために』．東京：日本図書センター，２０１１
(163) 内藤朝雄．いじめの構造　なぜ人が怪物になるのか．東京：講談社，２００９
(164) 今村仁司．『近代性の構造──「企て」から「試み」へ』東京：講談社，１９９４

(165) 津野香奈美．新型コロナウイルス感染症と勤労者のメンタルヘルス——差別，偏見，ストレス．神奈川県立保健福祉大学誌２０２２；19：47-54
(166) 日本災害医学会理事会．新型コロナウイルス感染症対応に従事する医療関係者への不当な批判に対する声明．2020 https://www.jadm.or.jp/sys/_data/info/pdf/pdf000121_1.pdf
(167) Addley Esther. Clap for our Carers: the very unBritish ritual that united the nation. May 28, 2020; https://www.theguardian.com/society/2020/may/28/clap-for-our-carers-the-very-unbritish-ritual-that-united-the-nation
(168) Asaoka H., Sasaki N., Kuroda R., Tsuno K., Kawakami N. Workplace bullying and patient aggression Related to COVID-19 and its Association with psychological distress among health care professionals during the COVID-19 pandemic in Japan. Tohoku J Exp Med 2021; 255: 283-9
(169) Iida Mako, Sasaki Natsu, Imamura Kotaro, Kuroda Reiko, Tsuno Kanami, Kawakami Norito. COVID-19-related workplace bullying and customer harassment among healthcare workers over the time of the COVID-19 outbreak: a eight-month panel study of full-time employees in Japan. J Occup Environ Med 2022; 64: e300-e5
(170) Putnam Robert. The Prosperous Community. The American Prospect March 21, 1993; 4: 35-42
(171) Sampson Robert J., Raudenbush Stephen W., Earls Felton. Neighborhoods and violent crime: a multilevel study of collective efficacy. Science 1997; 277: 918-24
(172) Semenza Jan C., Rubin Carol H., Falter Kenneth H. et al. Heat-related deaths during the July 1995 heat wave in Chicago. N Engl J Med 1996; 335: 84-90
(173) Hikichi H., Aida J., Tsuboya T., Kondo K., Kawachi I. Can community social cohesion prevent posttraumatic stress disorder in the aftermath of a disaster? A natural experiment from the 2011 Tohoku earthquake and tsunami. Am J Epidemiol 2016; 183: 902-10
(174) Oksanen Tuula, Suzuki Etsuji, Takao Soshi, Vahtera Jussi, Kivimäki Mika. Workplace social capital and health. Kawachi Ichiro, Takao Soshi, Subramanian S. V. eds. Global perspectives on social capital and health. New York, NY: Springer, 2013: 23-63

(175) Fujita S., Kawakami N., Ando E. et al. The association of workplace social capital with Work engagement of employees in health care settings: a multilevel cross-sectional analysis. J Occup Environ Med 2016; 58: 265-71
(176) Iida M., Watanabe K., Ando E. et al. The association between unit-level workplace social capital and intention to leave among employees in health care settings: a cross-sectional multilevel study. J Occup Environ Med 2020; 62: e186-e91
(177) Nakane Chie. Japanese society: a practical guide to understanding the Japanese mindset and culture. Berkeley, CA: University of California Press, 1972
(178) 間淵領吾．『二次分析による日本人同質論の検証：理論と方法』２００２；17：3-22
(179) 四本雅人，髙木俊雄，高橋正泰，中西晶．『日本企業の「家の論理」とブラック企業問題』．経営情報学会　全国研究発表大会要旨集２０１５；２０１５年秋季全国研究発表大会：４９５-８
(180) Portes Alejandro. Social capital: its origins and applications in modern sociology. Annu Rev Sociol 1998; 24: 1-24
(181) 坂倉昇平．『大人のいじめ』．東京：講談社，２０２１
(182) Sterzing P. R., Shattuck P. T., Narendorf S. C., Wagner M., Cooper B. P. Bullying involvement and autism spectrum disorders: prevalence and correlates of bullying involvement among adolescents with an autism spectrum disorder. Arch Pediatr Adolesc Med 2012; 166: 1058-64
(183) キャロル・グレイ，服巻智子（訳）．『発達障害といじめ――〝いじめに立ち向かう〟10の解決策』．京都：クリエイツかもがわ，２００８
(184) 厚生労働省障害者雇用対策課．「合理的配慮指針事例集　第3版」．東京：厚生労働省，２０１７
(185) E．ゴッフマン，石黒毅（訳）．『アサイラム――施設被収容者の日常世界』．東京：誠信書房，１９８４
(186) Østvik Kristina, Rudmin Floyd. Bullying and hazing among Norwegian army soldiers: two studies of prevalence, context, and cognition. Mil Psychol 2001; 13: 17-39

(187) Karasek Jr. Robert A. Job demands, job decision latitude, and mental strain: implications for job redesign. Adm Sci Q 1979: 285–308
(188) Johnson Jeffrey V., Hall Ellen M. Job strain, work place social support, and cardiovascular disease: a cross-sectional study of a random sample of the Swedish working population. Am J Public Health 1988; 78: 1336–42
(189) Madsen I. E. H., Nyberg S. T., Magnusson Hanson L. L. et al. Job strain as a risk factor for clinical depression: systematic review and meta-analysis with additional individual participant data. Psychol Med 2017; 47: 1342–56
(190) Kivimäki Mika, Nyberg Solja T., Batty G. David et al. Job strain as a risk factor for coronary heart disease: a collaborative meta-analysis of individual participant data. The Lancet 2012; 380: 1491–7
(191) Baillien Elfi, Neyens Inge, De Witte Hans. Organizational, team related and job related risk factors for workplace bullying, violence and sexual harassment in the workplace: a qualitative study. International Journal of Organisational Behaviour 2008; 13: 132–46
(192) Balducci C., Fraccaroli F., Schaufeli W. B. Workplace bullying and its relation with work characteristics, personality, and post-traumatic stress symptoms: an integrated model. Anxiety Stress Coping 2011; 24: 499–513
(193) Bowling N. A., Beehr T. A. Workplace harassment from the victim's perspective: a theoretical model and meta-analysis. J Appl Psychol 2006; 91: 998–1012
(194) Spagnoli Paola, Balducci Cristian. Do high workload and job insecurity predict workplace bullying after organizational change? International Journal of Workplace Health Management 2017; 10: 2–12
(195) Oxenstierna Gabriel, Elofsson Stig, Gjerde Maria, Hanson Linda Magnusson, Theorell Töres. Workplace bullying, working environment and health. Ind Health 2012; 50: 180–8
(196) Lewis Duncan, Megicks Phil, Jones Paul. Bullying and harassment and work-related stressors: evidence from British small and medium enterprises. International Small Business Journal: Researching Entrepreneurship

2017; 35: 116–37

(197) Astrauskaite Milda, Notelaers Guy, Medisauskaite Asta, Kern Roy M. Workplace harassment: deterring role of transformational leadership and core job characteristics. Scandinavian Journal of Management 2015; 31: 121–35

(198) Balducci Cristian, Cecchin Monica, Fraccaroli Franco. The impact of role stressors on workplace bullying in both victims and perpetrators, controlling for personal vulnerability factors: a longitudinal analysis. Work & Stress 2012; 26: 195–212

(199) Reknes Iselin, Einarsen Ståle, Knardahl Stein, Lau Bjørn. The prospective relationship between role stressors and new cases of self-reported workplace bullying. Scand J Psychol 2014; 55: 45–52

(200) Einarsen Ståle, Raknes Bjørn I. Harassment in the workplace and the victimization of men. Violence Vict 1997; 12: 247–63

(201) Collinson David L. "Engineering humour": masculinity, joking and conflict in shop-floor relations. Organization Studies 1988; 9: 181–99

(202) Willness Chelsea R., Steel Piers, Lee Kibeom. A meta-analysis of the antecedents and consequences of Workplace sexual harassment. Pers Psychol 2007; 60: 127–62

(203) Hofstede Geert, Hofstede Gert Jan, Minkov Michael. Cultures and organizations: software of the mind: intercultural cooperation and its importance for survival (revised and expanded 3rd edition). New York, NY: McGraw-Hill, 2010

(204) Wu M.-Y. Hofstede's cultural dimensions 30 years later: a study of Taiwan and the United States. Intercultural Communication Studies 2006; 15: 33–42

(205) Koeszegi Sabine T., Zedlacher Eva, Hudribusch René. The war against the female soldier? The effects of masculine culture on workplace aggression. Armed Forces & Society 2013; 40: 226–51

(206) Berdahl Jennifer L., Magley Vicki J., Waldo Craig R. The sexual harassment of men?: exploring the con-

cept with theory and data. Psychol Women Q 1996; 20: 527–47
(207) Lee Claudette, Williams Ethel Hill. Masculinity, MATRIARCHY, AND MYTH A BLACK FEMINIST PERSPECTIVE. O'Reilly Andrea ed. Mothers and sons. New York and London: Routledge, 2002: 56–70
(208) Eriksen Willy, Einarsen Ståle. Gender minority as a risk factor of exposure to bullying at work: the case of male assistant nurses. European Journal of Work and Organizational Psychology 2004; 13: 473–92
(209) Henson Kevin D., Rogers Jackie Krasas. "Why Marcia you've changed!" Male clerical temporary workers doing masculinity in a feminized occupation. Gender & Society 2001; 15: 218–38
(210) 西山里緒「焼きそばハイボールに携帯投げ捨て、商社パワハラの実態——20代〝下積み〟の理不尽」2017年12月8日；https://www.businessinsider.jp/post-108211
(211) サンドラ・ヘフェリン『体育会系　日本を蝕む病』東京：光文社，2020
(212) McAuley Edward, Blissmer Bryan, Katula Jeffrey, Duncan Terry E., Mihalko Shannon L. Physical activity, self-esteem, and self-efficacy relationships in older adults: a randomized controlled trial. Ann Behav Med 2000; 22: 131–9
(213) Li Fuzhong, Harmer Peter, Chaumeton Nigel R., Duncan Terry E., Duncan Susan C. Tai chi as a Means to enhance self-esteem: A randomized controlled trial. J Appl Gerontol 2002; 21: 70–89
(214) Rosete David, Ciarrochi Joseph. Emotional intelligence and its relationship to workplace performance outcomes of leadership effectiveness. Leadership & Organization Development Journal 2005; 26: 388–99
(215) Cavallo Kathleen, Brienza Dottie. Emotional competence and leadership excellence at Johnson & Johnson: the emotional intelligence and leadership study (Rutgers University, 2001)
(216) Mortan Roxana Andreea, Ripoll Pilar, Carvalho Carla, Bernal M. Consuelo. Effects of emotional intelligence on entrepreneurial intention and self-efficacy. Revista de Psicología del Trabajo y de las Organizaciones 2014; 30: 97–104
(217) Toyama Hiroyuki, Mauno Saija. Associations of trait emotional intelligence with social support, work en-

gagement, and creativity in Japanese eldercare nurses. Jpn Psychol Res 2017; 59: 14–25
(218) Toyama Hiroyuki, Mauno Saija. A latent profile analysis of trait emotional intelligence to identify beneficial and risk profiles in well-being and job performance: a study among Japanese eldercare nurses. International Journal of Work Organisation and Emotion 2016; 7: 336–53
(219) Cherniss Cary. Emotional intelligence and organizational effectiveness. Cherniss Cary, Goleman Daniel eds. The emotionally intelligent workplace: how to select for, measure, and improve emotional intelligence in individuals, groups, and organizations. San Francisco, CA: Jossey-Bass, 2001: 3–12
(220) Yadav Sangeeta. The role of emotional intelligence in organization development. IUP Journal of Knowledge Management 2014; 12: 49–59
(221) Goleman D. What makes a leader? Harv Bus Rev 1998; 76: 93–102
(222) Boyatzis Richard E. Developing emotional Intelligence through coaching for leadership, professional and Occupational excellence. Bar-On R., Maree, J. G., Elias, M. J. eds. Educating people to be emotionally intelligent. London: Praeger Publishers/Greenwood Publishing Group, 2007: 155–68
(223) Mayer John D., Caruso David R., Salovey Peter. The ability model of emotional intelligence: principles and updates. Emot Rev 2016; 8: 290–300
(224) Goleman Daniel. An EI-based theory of performance. Cherniss Cary, Goleman Daniel eds. The emotionally intelligent workplace: how to select for, measure, and improve emotional intelligence in individuals, groups, and organizations. San Francisco, CA: Jossey-Bass, 2001: 27–44
(225) Boyatzis Richard E., Goleman D., Rhee Kenneth. Clustering competence in emotional intelligence: insights from the Emotional Competence Inventory (ECI). Bar-On Reuven, Parker James D. A. eds. The handbook of emotional intelligence. San Francisco, CA: Jossey-Bass, 2000: 343–62
(226) 安藤俊介.『上手なセルフコントロールでパワハラ防止 自治体職員のためのアンガーマネジメント活用法（改訂版）』. 東京：第一法規，２０２１

(227) Henwood Kevin Sammut, Chou Shihning, Browne Kevin D. A systematic review and meta-analysis on the effectiveness of CBT informed anger management. Aggression and Violent Behavior 2015; 25: 280-92
(228) Beck Richard, Fernandez Ephrem. Cognitive-behavioral therapy in the treatment of anger: a meta-analysis. Cognit Ther Res 1998; 22: 63-74
(229) Crant J. Michael. The proactive personality scale and objective job performance among real estate agents. Journal of applied Psychology 1995; 80: 532-7
(230) Rahim M. Afzalur, Psenicka Clement. A structural equations model of stress, locus of control, social support, psychiatric symptoms, and propensity to leave a job. The Journal of Social Psychology 1996; 136: 69-84
(231) 多田浩司．感情知能の変化が上司と部下の関係性に与える影響．組織科学 ２０１２；46：58-70
(232) Friedman Howard S., DiMatteo M. Robin. Interpersonal issues in health care. New York, NY: Academic Press, 1982
(233) Pilling Bruce K., Eroglu Sevo. An empirical examination of the impact of salesperson empathy and professionalism and merchandise salability on retail buyers' evaluations. Journal of Personal Selling & Sales Management 1994; 14: 45-58
(234) Fenniman Andrew. Understanding each other at work: an examination of the effects of perceived empathetic listening on psychological safety in the supervisor-subordinate relationship. Dissertation Abstracts International Section A: Humanities and Social Sciences 2010; 71: 241
(235) 日本産業カウンセラー協会（編）．「傾聴の意義と技法」．『産業カウンセリング　産業カウンセラー養成講座テキスト（改訂第６版）』．東京：日本産業カウンセラー協会，２０１２：39-64
(236) Keashly Loraleigh, Minkowitz Honey, NowellBranda L. Conflict, conflict resolution and workplace bullying. Einarsen Ståle Valvatne, Hoel Helge, Zapf Dieter, Cooper Cary L. eds. Bullying and harassment in the workplace: theory, research, and practice (3rd edition). Boca Raton, FL: CRC Press, 2020: 331-61
(237) Wayne E. K. It pays to find the hidden, but high, costs of conflict. Washington Business Journal May 9,

2005
(238) Tekleab Amanuel G., Quigley Narda R., Tesluk Paul E. A longitudinal study of team conflict, conflict Management, cohesion, and team effectiveness. Group & Organization Management 2009; 34: 170–205
(239) George Jennifer M., Bettenhausen Kenneth. Understanding prosocial behavior, sales performance, and turnover: a group-level analysis in a service context. Journal of Applied Psychology 1990; 75: 698–709
(240) Westman M., Etzion D. The crossover of strain from school principals to teachers and vice versa. J Occup Health Psychol 1999; 4: 269–78
(241) Totterdell P., Kellett S., Teuchmann K., Briner R. B. Evidence of mood linkage in work groups. J Pers Soc Psychol 1998; 74: 1504–15
(242) うつめど。作成チーム．こころの健康づくり応援サイトＵＴＳＭｅＤ－うつめど。https://www.utsumed-neo.xyz
(243) Imamura K., Kawakami N., Tsuno K. et al. Effects of web-based stress and depression literacy intervention on improving work engagement among workers with low work engagement: an analysis of secondary outcome of a randomized controlled trial. J Occup Health 2017; 59: 46–54
(244) Imamura K., Kawakami N., Tsuno K., Tsuchiya M., Shimada K., Namba K. Effects of web-based stress and depression literacy intervention on improving symptoms and knowledge of depression among workers: a randomized controlled trial. J Affect Disord 2016; 203: 30–7
(245) 東京大学大学院医学系研究科精神保健学分野．いまここケア：Stay at homeでもできる心のケア．https://imacococare.net
(246) Imamura K., Sasaki N., Sekiya Y. et al. The effect of the Imacoco Care psychoeducation website on Improving psychological distress among workers during the COVID-19 Pandemic: randomized Controlled Trial. JMIR Form Res 2022; 6: e33883
(247) 横田雅俊．「誰かに認められたい」が部下のモチベーション．PRESIDENT ２０１４年５月19日号

(248) 東京未来大学．〈社会人3年目対象のモチベーション調査 第2弾〉モチベーションは上司の資質に左右されると答えた社員は8割！．２０１９ https://prtimes.jp/main/html/rd/p/000000011.000035816.html
(249) 馬場昌雄・馬場房子（監修），岡村一成・小野公一（編）．「動機づけと職務態度」『産業・組織心理学』．東京：白桃書房，２００５：45–74
(250) 厚生労働省．「外国人雇用状況」の届出状況まとめ（令和3年10月末現在），２０２２年1月28日
(251) 津野香奈美．ハラスメント対策最前線　科学的根拠をもとに進めるメンタルヘルス対策とハラスメント対策（11）　日本ではパワハラにならない行為も，外国人労働者にはパワハラだと感じる．２０２２年４月 https://www.cuorec3.co.jp/info/thinks/tsuno_01_11.html
(252) 産経新聞．花畑牧場の雇い止め不当　ストのベトナム人撤回要求．https://www.sankei.com/article/20220224-RKW2HX3HLNMVLGWUG7MSMHFREY/
(253) 厚生労働省．令和３年労働争議統計調査の概況．２０２２年８月２日 https://www.mhlw.go.jp/toukei/list/14-r03.html
(254) Kwan S. S. M., Tuckey M. R., Dollard M. F. The Malaysian Workplace Bullying Index（MWBI）: a new measure of workplace bullying in Eastern countries. PLoS One 2020; 15: e0223235
(255) 国立社会保障・人口問題研究所．日本の将来推計人口（平成29年推計）報告書．人口問題研究資料２０１７；３３６：２–４
(256) Kotter John P. What leaders really do. Harv Bus Rev 2001; 79: 23–34
(257) Mintzberg Henry. Rebuilding companies as communities. Harv Bus Rev 2009; 87: 140–3
(258) Skinner Burrhus F. Some contributions of an experimental analysis of behavior to psychology as a whole. Am Psychol 1953; 8: 69–78
(259) Siegrist J. Adverse health effects of high-effort/low-reward conditions. J Occup Health Psychol 1996; 1: 27–41
(260) Hancock Dawson R. Impact of verbal praise on college students' time spent on homework. The Journal of

Educational Research 2000; 93: 384-9
(261) Rosenthal Robert, Jacobson Lenore. Pygmalion in the classroom. The Urban review 1968; 3: 16-20
(262) Kierein N. M., Gold M. A. Pygmalion in work organizations: a meta-analysis. Journal of Organizational Behavior 2000; 21: 913-28
(263) McNatt D. B. Ancient Pygmalion joins contemporary management: a meta-analysis of the result. J Appl Psychol 2000; 85: 314-22
(264) Franke Richard Herbert, Kaul James D. The Hawthorne experiments: first statistical interpretation. Am Sociol Rev 1978; 43: 623-43
(265) McCarney R., Warner J., Iliffe S., van Haselen R., Griffin M., Fisher P. The Hawthorne Effect: a randomised, controlled trial. BMC Med Res Methodol 2007; 7: 30

ちくま新書
1705

パワハラ上司《じょうし》を科学《かがく》する

二〇二三年一月一〇日　第一刷発行
二〇二四年五月一〇日　第六刷発行

著者　津野香奈美（つの・かなみ）
発行者　喜入冬子
発行所　株式会社 筑摩書房
東京都台東区蔵前二-五-三　郵便番号一一一-八七五五
電話番号〇三-五六八七-二六〇一（代表）
装幀者　間村俊一
印刷・製本　株式会社 精興社

ISBN978-4-480-07534-5 C0211

ちくま新書

1547
ひとはなぜ「認められたい」のか
――承認不安を生きる知恵
山竹伸二
ひとはなぜ「認められないかもしれない」という不安を募らせるのか。承認欲求を認め、そこから自由に生きる心のあり方と、社会における相互ケアの可能性を考える。

1582
バイアスとは何か
藤田政博
事実や自己、他者をゆがんだかたちで認知する現象、バイアス。それはなぜ起こるのか？　日常のさまざまな場面で生じるバイアスを紹介し、その緩和策を提示する。

1621
ひきこもりの真実
――就労より自立より大切なこと
林恭子
「家族と同居する中年男性」ばかりじゃない！　8050問題の陰に隠れた、女性や性的少数者、困窮の実態に迫る。そして、家族や支援者に伝えたい本音とは――。

1625
政策起業家
――「普通のあなた」が社会のルールを変える方法
駒崎弘樹
「フローレンスの病児保育」「おうち保育園」「障害児保育園ヘレン」等を作ってきた著者の、涙と笑いの闘いの記録。政治家や官僚でなくてもルールを変えられる！

1629
ふしぎな日本人
――外国人に理解されないのはなぜか
ピーター・バラカン
塚谷泰生
日本の集団主義の起源は、コメづくりにあった。日本人を知り尽くすバラカン氏と、ヨーロッパで活躍する実業家・塚谷氏が、日本独特の文化を縦横無尽に語り合う。

1632
ニュースの数字をどう読むか
――統計にだまされないための22章
トム・チヴァース
デイヴィッド・チヴァース
北澤京子訳
ニュースに出てくる統計の数字にはさまざまな裏がある、前提がある。簡単に信じてはいけません。数字にだまされないノウハウを具体例をあげてわかりやすく伝授。

1639
パンデミック監視社会
デイヴィッド・ライアン
松本剛史訳
新型コロナウイルスのパンデミックは監視技術の世界的大流行でもあった。加速する監視資本主義とデータ主義は社会をどう変えるのか。世界的権威による緊急発言。